精准管理

管理是学问，更是一门技术活

—— 赵晓军◎著 ——

广东旅游出版社
GUANGDONG TRAVEL & TOURISM PRESS
悦读书·悦旅行·悦享人生

中国·广州

图书在版编目（CIP）数据

精准管理 / 赵晓军著 . — 广州：广东旅游出版社，
2017.12
ISBN 978-7-5570-1176-5

Ⅰ.①精… Ⅱ.①赵… Ⅲ.①企业管理—通俗读物
Ⅳ.① F272-49

中国版本图书馆 CIP 数据核字 (2017) 第 294831 号

责任编辑：何清文
封面设计：U+Na 工作室

精准管理
JINGZHUN GUANLI

广东旅游出版社出版发行
（广州市越秀区环市东路 338 号银政大厦西座 12 层　邮编：510180）
北京紫瑞利印刷有限公司印刷
（北京市海淀区上庄路 58 号）
广东旅游出版社图书网
www.tourpress.cn
联系电话：020-87347732
880 毫米 ×1230 毫米　32 开　9 印张　187 千字
2017 年 12 月第 1 版第 1 次印刷

定价：32.00 元

关键就是要"精准"

对于现代的中国人来说，也许最应该提的两个字就是"精准"。毫不夸张地说，中国从来不缺乏聪明人，也从来不缺乏能够做大事的人，但是中国缺乏那种能够将事情踏踏实实地做得精准和到位的人。

也许是由于历史的原因，也许是由于教育的原因，中国人一向对于国家的大事比较关心，而往往对自己身边那些擦擦桌子、扫扫地之类的小事不屑一顾。即使不幸被分配去做擦桌子、扫地之类的小事，必然也是做得马马虎虎差不多就马上收手，随后就整天幻想自己将来如何出人头地，而不愿意再在自己眼前的工作上面多动脑子，不去琢磨如何才能够更好更快地把桌子擦干净，把地扫干净，因为在中国人的思想里大事和小事是分得一清二楚的。

中国人痛恨做小事，这样的结果就是大家做事的时候都嫌麻烦，尤其是做小事的时候。而且这种不良的习气总是像瘟疫一样不断地传染给那些曾经试图把每一件事情都做好的新人。

其实，很多中国人不知道对小事藐视，做小事做得不精准，同样也会影响到做大事。中国有句古话："千里之堤，溃于蚁穴。"小事做不好、做不精准就意味着一种责任感的严重缺失，更重要的是世间万物往往都存在着千丝万缕的联系，因此，我们很难说究竟什么事大什么事小。

树上掉下个苹果这样的事情太小了，但是牛顿从中发现了万有引力定律；烧开水壶盖被冲开这样的事情也太常见了，但是瓦特从中得到启示改良了蒸汽机。为什么现代科技的曙光出现在西方而不是中国呢？为什么世界五百强企业中，中国企业寥寥无几呢？为什么？

这一系列的为什么确实值得我们深刻反思。

是的，关键就在于我们对自己的要求太高又太低了，我们总是要求自己去做大事去干大事业，但我们做事的时候又总是差不多就行了，总是马马虎虎能够过关就行了。这种错误的观念和想法害了太多的人，也害了太多的企业。

所以，我们组织了一批在企业管理和社会工作方面颇有经验的学者编著了这一套职场自励丛书，选取了人生最关键的四个方面——沟通、做事、社交、管理，全面阐述了现代中国人在这四方面做得精准的方法和技巧。

　　在今天这个日新月异的时代，在我们的民族再次碰到历史机遇的时候，我们每一个中国人都应该觉醒，牢牢地把握住机会。作为社会生活中的人，我们应当"精准沟通"；作为企业和单位的人，我们应当"精准做事"；作为社会交往中的人，我们应当"精准社交"；作为企业的领导人，我们应当"精准管理"。

　　如果千百万的中国人能够真正地将这四方面做得精准而到位，我们这个国家和民族又何愁不能真正地实现中华民族的伟大复兴呢？

第一章　从引导员工开始

第二章　你会化解冲突和矛盾吗？

第三章　有气场才会有魅力

第五章　掌握关键对话的技巧

第六章　管理的要点在于用人

第七章　适时适地传达感觉

第八章 满意的员工才有执行力

第九章 带领员工行动

第十章 约束员工行为

精准
管理

第一章　CONG YINDAO YUANGONG KAISHI
从引导员工开始

　　将合适的人请上车，不合适的人请下车。

　　　　　　　　　　——詹姆斯·柯林斯

目标明确，管理才能有的放矢

对于没有航向的船来说，任何方向的风都是逆风。

航向就是做事情的目标，做任何事情都必须有明确的目标，然后才能够将事情做好。对于管理者来说，正确地做事情固然重要，但首先必须做正确的事情，必须明确目标。不但是为自己，而且是为全体员工。

许多管理者做工作没有明确的方向，他们不知道自己该何去何从，一会儿向东，一会儿向西，一下子试试这个办法，一下子用用那个办法。做得不如意，就马上换一个方向，运气好时就能收到一些成效，运气不好就会有损工作业绩。他们往往一听说谁怎么做好，就立马学着人家做，他们的一生都似乎永远没有固定的方向，因此工作业绩自然不如人意。其实，在旁人看来，他们存在的问题很简单，就是他们根本不知道什么是应该追求的。

诚如一位成功学大师所说："人的头脑具有一种像飞弹一样的自动导航功能，一旦人有了明确清楚的目标后，头脑就会自动地发挥它无限的能量，产生强大的推动力，并且能够不断地瞄准目标和修正你的行为，自然地把我们引到朝向目标的方向前进。"对于管理者来说，在头脑进行这种运作的过程中，最重要的不仅只是设定一个明确的目标，还要十分明确达成这个目标的"原因",毕竟原因主导一切,也只有这个原因才是让人持续朝目标前进的原动力。

瓦伦·本灵斯研究了90位美国最杰出的领导者,发现他们有四种共有的能力:令人折服的远见和目标意识;能清晰表达这一目标,使下属明确理解;对这一目标的追求表现出一致性和全身心的投入;了解自己的实力并以此作为资本。可见,确立目标的能力对于管理者是十分重要的。

庖丁解牛的工作方法值得借鉴

对于管理者来说,光有目标是远远不够的,还必须能像庖丁解牛一样将目标进行分解。

管理者要分解目标,首先必须和团队成员进行充分的沟通。只有通过充分的交流,团队上下层才能对环境有更充分的了解,在最大程度上消除信息不对称的现象,这是上下级之间相互理解、相互协调的前提条件。

其次必须对目标进行初步的分解。目标的分解过程遵循参与决策的方式,由上而下结合,由下而上地共同参与目标的选择,并对如何实现目标达成一致意见。管理者需要通过各种方式来鼓励大家共同参加目标制定的决策。参与决策的主要优点是能够诱导个人设立更困难的目标,如果目标难到足以使个人发挥出他的潜能，则这种方法是有效的。参与决策通过增强个人的勇气而对绩效产生积极的影响，通过参与决策的方法，很大程度上鼓舞了员工的士气，他们普遍会对自己选择的目标满意，也充满了信心，因为他们是在主动地挑战自我设定的目标，这对于目标的实现是十分有利的。

再次必须对目标进行深度分解。团队成员结合自己的目标，分析公司的下期工作方向与竞争策略，找出自己思路与公司经营思路的差异与分歧，并且分析其原因。管理队伍成员在理解公司的经营目标后，在工作中有正确和清晰的方向感，在追求短期利益的同时，保证公司的长期战略的实现，并据此重新拟订下期的工作计划。

最后是拟订工作计划。目标分解的过程是团队成员在思考每一个数据是怎样估计出来的，以及如何去完成的过程。当目标分解完之后，团队成员对于下期的工作细节也就基本上胸有成竹了，然后就可以根据每个细节的重要性与紧急性安排好自己的工作计划，并形成文字和表格，在执行时记载进度情况。

有使命感，才会有责任心

管理者必须具有强烈的使命感和责任感，要对企业有极高的忠诚度。如果企业的管理者都对企业没有强烈的使命感、责任感和极高的忠诚度，又怎能要求员工对企业有使命感、责任感和忠诚度呢？如果管理者对企业没有使命感、责任感和忠诚度，往往会导致企业经营失败。郑州百文股份有限公司就是一个典型的例子。郑州百文杭州分公司的总经理利用郑州百文的销售渠道销售自己的产品，让所有收入进入自己的账户，让所有成本进入郑州百文的账户。这样来做，郑州百文经营肯定会失败。

《致加西亚的信》中讲述了这样一个故事，美西战争爆发后，美国总统麦金莱需要和西班牙的反抗军首领加西亚取得联系。但是当时加西亚在古巴丛林的山里，而且没有人知道确切的地点，然而美国总统又必须尽快得到他的帮助。于是总统找到了安德鲁·罗文中尉，因为只有他才有办法找到加西亚。结果，罗文不负重托，历经险境，仅用三个星期就找到了加西亚将军，郑重地把信交给了他。罗文因此而成为民族英雄。

在罗文送信的过程中，他没有受到任何强制约束，他完全可以不送信或者中途跑掉，但他没有。正是他内心的责任感、使命感以及忠诚度等道德规范支撑着他历尽艰险将信送给了加西亚将军，最后罗文也成为了民族英雄。

罗文中尉取得成功的最重要因素，不是他杰出的军事才能，而是他优良的道德品质，包括对职业的忠诚和敬业，对上司的服从和诚信。在这个满世界都在谈论"变化"和"跳槽"的时代，对管理者提出责任感的要求并不过时，因为管理者的这些基本道德水准正是企业发展的基石。

认识自己是管理者永恒的话题

在智慧女神雅典娜的神庙上刻着唯一一句话："认识你自己。"

IBM 公司对员工的关心体贴以及其终身培训制度一直为业界所称道，包括从小沃尔森时代一直延续到现在的鲜明的纪律文化。但是 IBM 公司之所以取得如此大的成功，不仅是因为 IBM 公司对员工所做的一切，还因为 IBM 公司的员工能坚定不移地信守和奉行公司的价值理念，遵守既定的规则，同时还具有突出的创新精神。因为 IBM 公司的员工在很大程度上实现了自我管理。

现代的企业管理越来越倚赖于规则，毕竟没有规矩不成方圆。但和大自然中任何法则一样，规则也不能太繁太多，过多就会失衡，变成负面的东西。员工必须实现自我管理，而实现员工自我管理的关键要素是引导和帮助员工。

20 世纪初，美国著名教授梅奥提出了"人群关系理论"。他宣称，工人的生产效率主要取决于工作态度以及他与周围人的关系。梅奥以及马斯洛的需求层次学说，为管理学的发展开辟了极其广阔的空间，在员工应得到尊重、鼓励，应从工作中得到乐趣和满足人性化理念的推行和应用过程中，员工的自我管理也得到了推广。对于组织来说，任何自发的自我管理都可能导致混乱，因此需要对员工自我管理进行正确的引导，这需要企业制定统一的战略规划。

员工自我管理的范畴大致包括：员工对组织"引导方式"的认同程度，对一定的文化价值体系的理解和兴趣程度，羞耻感、自律感、自我约束力以及自我激励能力，工作中所表现出的主观能动性，对所承担工作和达到组织所设定目标的自信心，克服困难和战胜挫折的勇气，对同事的尊重和在工作中体现出的合作精神等。

不要逃避自己的责任

管理者处于管理地位不仅意味着不逃避责任，而且意味着要承担更多的责任，甚至承担那些本来就不属于自己的责任。

你是否经常能听到有人在问"这是谁的错"，即便这种话不是每天都能听到，你也会看到许多人在抵赖狡辩，或者为了推卸责任而指责别人。也许你会发现你自己也有这种习惯。

生活和工作中的事情没有尽善尽美的，在生活和工作中做错事情是在所难免的。每一天，每一个人都会遇到麻烦，当这些麻烦带来指责的时候，你是否想过要承担这些责任？很多人都天生地选择了逃避职责，因为指责往往会引起不快和惩罚。为了避免这些不快和惩罚，许多人想尽办法逃避责任，比如转移批评、推卸责任、文过饰非等。避免或逃脱责罚是人类的一种强烈本能，多数人在"有利"与"不利"两种形势的抉择中都会选择趋吉避凶。通过各种"免罪"行为，人们可以暂时逃脱责罚，保持良好的自身形象。

这就是我们能经常听到以下这些借口的深层原因了：

"这不是我的错。"

"我不是故意的。"

"这不是我干的。"

"本来不会这样的，都怪……"

这些说法都是在推卸责任，来维护自身的良好形象。殊不知这些说法的实质就是不负责任，不对自己的同事和组织负责任。如果在一个组织中人人都如此推卸责任，那么组织犯的错谁来承担？如果在一个组织中人人都这么干净，那么组织又怎么会犯错呢？

作为员工表率的管理者，必须学会承担责任，必须学会勇于承担责任，而不是找任何借口来逃避责任。对于一个管理者来说，承担责任可以使他赢得信任。而赢得信任是稳固管理权利的基本条件，只有员工对管理者表示信任，才能够自发自觉地听从管理者的工作安排。

有诚信，才能保证管理的执行力

管理者要讲究诚信，同时也必须让其员工也讲究诚信。

诚实守信，以诚相待，是所有管理学上最有效最高明最实际也是最长久的方法。林肯说：一个人可能在所有的时间欺骗某些人，也可能在某些时间欺骗所有的人，但不可能在所有的时间欺骗所有的人。对于管理者来说道理也同样如此。在一个信息传播日益迅速的市场环境下，管理者的小手段小聪明是很容易被看破的，即便是偶尔取得成功，这种成功也是相当短暂的。对于管理者来说要想赢得员工的心，诚信才是永久的实在的办法。

市场经济发展了两百多年，在西方国家出现了不少优秀的管理者。审视他们的成功因素，我们会发现有很多不同，他们中有的性格乖张，有的性格开放；有的靠强大的社会活动圈，有的靠名人的推荐等。但是在他们的所有素质中，我们不难发现一个很简单的事实：他们都是讲求诚信的人，他们通过自己的诚实获得了员工的信任和信赖。

一个管理者开始他的管理生涯的最基本素质就是诚信。如果一个管理者成天地想着如何欺骗他的员工或者如何欺骗他所服务的企业，他怎么可能赢得员工和企业的信任？

对于一个管理者来说，一时间有成效的管理固然重要，它是管理者进行管理活动的直接目的，但并不是唯一目的。管理者进行管理活动的基本目的还是在于建立个人的诚信体系，以此来为组织、员工和自己谋求更多的利益。

管理者在管理活动中的诚信主要体现在两个方面：

一是对企业的诚信。管理者所进行的管理活动并不仅仅是个人的事业，在管理者的身后有个强大的企业支撑体系。企业的运作需要管理者和员工的努力，管理者要时刻注意维护企业的形象。

二是对员工的诚信。对员工的诚信是管理者应该具有的最基本素质。管理过程就是管理者和员工不断沟通的过程，通过和员工的沟通，管理者使员工对自己产生信任，进而服从工作调度，共同实现管理目标。

忠诚永远不是一种过时的思想

在管理学中，有这样一句话：管理的最高境界是无为而治。任何组织、任何个人都离不开管理。要真正做到在管理中无为而治，离不开管理者忠诚的培养和境界的提升。

在管理领域，美国通用电气 CEO 韦尔奇有一个经营的最高原则："管理得少"就是"管理得好"。或者反过来说也一样："管理得好"就是"管理得少"。根据调查，西方国家普遍的企业管理工作中的"管"与"理"遵照的是 20/80 原则，实际上，最理想的管理就是一种"无为而治"的状态，也就是不管理。之所以不需要管理，是因为人人都学会了自我管理，恪尽职守，那些所谓的管理制度、条条框框也就失去了存在的意义。管理就是要实现这样一种理想状态。但这种理想状态实现的前提是管理者对下属或员工做到充分信任，进而培养员工忠诚于个人和组织的境界。

而建立信任和培养忠诚，管理者就必须从以下四个方面下功夫：一是加强文化的融合，只有员工发自内心地认同了企业的文化，才会真正做到心往一处想，力往一处使；二是自由交换意见，安排正式或非正式会议作为员工之间相互交流的途径；三是感情沟通，重视心理情感的协调，善于运用感情疏通拉近员工之间的心理距离，建立起一种唇齿相依的关系；四是注重结果，把实现结果的过程交给部下，又用过程的结果来衡量部下，这就是无为而治的精髓所在。

正如管理大师德鲁克所说，注重管理行为的结果而不是监控行为，让管理进入一个自我控制的管理状态。

有效率才会有业绩

管理者的本分是追求效率，一个人的办事效率似乎与他的智力、想象力以及知识水平没有多大关系。不可否认，智力、想象力和知识都是人类的重要资源，但依靠这些资源本身只能达到有限的成就，只有效率才能使他们变得硕果累累。

管理者面对的现实一方面要求他们具有有效性，一方面却又使他们极难达到有效性，原因是管理者的时间总是被别人占用着，任何人都可以随时来找他，他被迫忙于日常作业，如安排市场销售或生产事务。除非他采取措施来改变他的工作方式，否则肯定不能使管理更有效。

有效的管理者应有效管理自己的时间。管理者的工作首先需要认清自己的时间花在什么地方，然后设法管理自己的时间并减少那些没有成果的工作所占用的时间。时间是一个限制因素，在某种限度内，没有任何东西来替代时间，而且时间也不能增加和贮存。做任何事情都需要时间，有效的管理者区别他人的唯一之处，就在于他们能够有效地运用时间。管理者经常受到种种压力，迫使他不得不花费一些不会产生效果的时间，尤其是在人际关系和工作关系的调和方面，他们应该分辨出哪些是根本不必做的事，取消那些纯粹浪费时间而丝毫无助于取得成果的事。以下有四个关于时间的看法可供管理者参考：

一是有些能让别人办理的事情可以授权于他人来提高效率。

二是管理者自己同时需要杜绝浪费别人的时间，这种时间损失很可能是由管理者或者组织缺陷引起的。

三是组织雇员太多、会议太多，信息传递不灵或信息不准确往往都会浪费大量的时间。

四是缺乏系统和缺乏远见而造成的时间浪费，可能导致企业反复出现同样的"危机"，而一些危机本身是可以预防的。

将职业生涯管理发挥到极致

职业生涯管理是美国近二十几年来从人力资源管理理论与实践中发展起来的新学科。生涯是指一个人一生工作经历中所包括的一系列活动和行为，职业生涯管理是组织生涯发展计划和个人生涯发展计划活动相结合所产生的结果。通过组织生涯管理系统以达到组织人力资源需求与个人生涯需求之间的平衡，能创造一个高效率的工作环境和引人、育人、留人的企业氛围。

企业职业生涯管理的最终目的是通过帮助员工的职业发展，以求组织的持续发展，实现组织目标。职业管理的假定是只有组织员工的卓越发展，才有组织的目标实现。而员工的卓越，有赖于组织实施的职业管理，在组织提供的有效职业管理中，员工迈向卓越，并将自己的聪明才智奉献给组织。

在企业的管理中，企业能否赢得员工的敬业精神和奉献精神的一个关键在于其能否为自己的员工创造条件，使他们有机会获得一个有成就感和自我实现感的职业。筛选、培训以及绩效评价等工作在企业中实际上扮演着两种角色：一种是传统意义上的为企业寻求合适的工作人选并使人力资源充分发挥；另一种角色是确保员工能够长期受到企业的保护与培养，为每一名员工提供一个不断成长以及挖掘个人最大潜力和建立成功职业的机会，使他们能够争取发挥自己全部的潜力。

职业生涯管理分为个人的职业生涯管理和组织的职业生涯管理。个人的职业生涯管理是以实现个人发展的成就最大化为目的的，通过对个人兴趣、能力和个人发展目标的有效管理实现个人的发展愿望。组织职业生涯管理是以提高公司人力资源质量，发挥人力资源管理效率为目的的，通过个人发展愿望与组织发展需求的结合实现组织的发展。

有目标，还要善于管理

管理者要实现管理目标就必须对目标进行管理。管理者在对目标进行管理的时候必须明确以下几个事实：

一是目标是分层次、分等级的。管理队伍要想生存下去，必须有目标，但管理的整体目标有总目标和辅助目标之分。从结构上管理队伍是分层次、分等级的系统组织，因此其制定的目标也应层层分解，构成一个系统。

二是管理队伍中各级、各类目标要构成一个网络。管理队伍的整体目标通常是通过各种活动的相互联系、相互促进来实现的，因而目标和具体的计划通常构成一个网络。要使一个网络具有效果，就必须使各个目标彼此协调，互相支援，互相连接。

三是管理队伍的目标必须是多样的。管理队伍整体目标具有多样性，即使是主要目标一般也是多种多样的。目标的多样性，并不意味着目标越多越好，而是说目标不可能唯一。

四是主要目标与次要目标必须分清。主要目标和次要目标是按照目标的重要程度来划分的。确定目标的优先次序是极为重要的，因为管理队伍必须通过合理的方法来分配其资源。

五是长期目标与短期目标要统一起来。长期目标和短期目标是按照目标的实现期限来划分的。要使计划工作收到成效，就必须把长期目标和短期目标统一起来。

六是定量目标与定性目标要互相配合。定量目标和定性目标是按照考核目标的性质来划分的。要使目标有意义就必须使得目标变得可以考核，使目标能够考核的唯一方法就是定量化。在很多情况下，许多目标是用数量表示的。不过，在管理队伍的整体目标中也有许多目标是不宜用数量表示的。因此在管理队伍的目标制定过程中，定性目标是不可缺少的。

鼓励创新

管理者在对员工进行管理的过程中一定要鼓励员工进行创新。

美国的企业普遍把创新与变革作为基本的经营理念，坚决抛弃僵化和保守，推崇变化和灵活，在创新和变化中寻求和把握机会，并在创新过程中使员工体验到工作的乐趣和意义。如通用电气公司以"进步是我们最主要的产品"为基本理念；惠普公司则强调"以世界第一流的高精度而自豪"；微软成功的秘诀之一就是"不断淘汰自己的产品"。通用电气公司前任董事长杰克·韦尔奇认为，对待创新"你不能保持镇静而且理智，你必须要达到发狂的地步"。这些创新理念都把争创一流、永不落后、追求更高更新的技术和业绩作为员工和企业奋斗的目标，并以此来引导企业的组织变革和战略规划。

正如詹姆斯·莫尔斯所说，"可持续竞争的唯一优势来自超过竞争对手的创新能力"。依靠这种创新精神，英特尔公司得以长期雄踞芯片市场王座，微软公司始终掌握软件市场的主动权，麦当劳独领世界快餐文化之风骚……

因此，管理者必须鼓励员工不断地进行创新，追求卓越，正如管理学家劳伦斯·米勒指出，追求卓越并非是一种成就，而是一种永不满足地追求出类拔萃的进取精神和心理状态。

管理者必须把面向市场为顾客提供最佳的产品和最优的服务作为牢固的创新理念，使创新与市场、与企业的利润结合在一起。因为最先进的技术不等于市场需求，而市场需求的不断变化、市场竞争的日趋加剧却迫使企业不断进行技术创新。思科的钱伯斯说过，"最好的技术不一定成功，市场最终还是要打败技术"。最具有创新精神的明尼苏达州矿业和制造公司向来都鼓励员工积极地进行创新，通过不断地创新，该公司成为了世界上最优秀的企业之一。

做一个主动而积极的人

优秀的管理者是主动的，是自动自发的，他不会被动，不会消极，不会别人来鞭策自己然后才采取行动。

主动的、自动自发的管理者首先必然具有有挑战性但并非不可及的目标。给自己设定目标是一件十分重要的事情。目标设定过高固然不切实际，但是目标千万不可定得太低。自动自发的人应该放开思维，站在一个更高的起点，给自己设定一个更具挑战性的标准，才会有准确的努力方向和广阔的前景，切不可做井底之蛙。管理者应该懂得山外有山，人外有人，在订立目标的时候，绝对不应存有"宁为鸡首，不为牛后"的思想。

一个自动自发的人不会将所有的注意力集中到一些一般的目标上。一个一流的人与一个一般的人在一般问题上的表现可能一样，但是在重要问题上的表现则会有天壤之别。正如美国著名作家威廉·福克纳所说："不要竭尽全力去和你的同僚竞争。你更应该在乎的是：你要比现在的你更强。"所以自动自发的人应该永远给自己设立一些很具挑战性、但并非不可及的目标。

一个自动自发的管理者必然是个积极主动的人。这种人不会只是被动地等待别人告诉他应该做什么，而是主动去了解自己要做什么，并且规划它们，然后全力以赴地去完成。想想当今世界上最成功的那些人，有几个是唯唯诺诺、等人吩咐的？管理者对待自己的工作，如果以一个母亲对孩子那样的责任心和爱心全力投入、不断地努力，便没有什么目标是不能达到的。当然，一个积极主动的管理者还应该虚心听取他人的批评和意见。其实，这也是一种进取心的体现。不能虚心接受别人的批评，并从中汲取教训，就不可能有更大的进步。

在思考中享受工作的乐趣

管理者必须是一个积极思考者，通过在工作中尽职尽责，不断创新思维、创造价值，享受工作时的快乐。

其实，我们每个人天生都有积极思考者所具有的热情、正直、信心、决心等品格，只是这些品格有时在某种程度上被环境所淹没。比如我们遭受了反复挫折后，终于以悲观的态度看待这个世界，于是"不要那样做了，再做你也不会成功"等消极的话语就会萦绕在我们的心头，我们就开始怀疑和否定自己。正如美国成功学大师丹尼斯·韦特利所说："冠军的产生和毁灭都是由人的观念和态度所决定的。"所以，管理者要让员工出色工作，从现在就要开始引导员工成为积极的思考者。要帮助员工重新审视自己，鼓励员工充满自信地工作，享受快乐工作的乐趣，从而在工作中发挥最大的潜能。

美国上市公司施乐公司实行一种"人人都是企业家"的责任战略，即"这里人人思考未来，人人使顾客满意，人人负责盈亏"。谷歌公司认为"每个雇员都是科研人员"，鼓励每个员工都成为创新者。这种参与式管理实际上已经成为一种企业文化。在惠普、英特尔、宝洁、谷歌等公司里，每个员工包括高层管理者在内，都是在没有隔墙、没有门户的大办公室里办公，也从来不设管理层专用的停车位或餐厅。这样，在管理者与员工之间、员工与员工之间可以形成更直接、更自由的沟通与交流，同时这也体现出人人平等的管理理念。英特尔公司总裁葛鲁夫为人随和，员工都把他当作和蔼的伙伴，愿意和他开玩笑。他不讲排场，不搞特殊化，甚至连自己专门的办公室也没有。

很多优秀的管理者要求员工随时提出合理性建议，定期填写对公司意见的调查表，积极鼓励员工参与创新活动，并针对不同情况给予奖励甚至重奖。

不要让压力压垮自己

在企业管理中，管理者固然要给员工施加一定的压力以促使其有效地进行工作，但是如果压力过度，会导致管理效率下降。过度的工作压力会造成高血压、心悸，工作满意度下降，烦躁、焦虑、忧愁，以及工作效率降低，合作性差，缺勤，频繁跳槽等各种反应。对于企业的管理者而言，提高员工的工作效率和工作满意度，并尽量减少人员流动与缺勤所带来的损失，是每一个管理者所追求的目标。因此，在充满市场竞争的现代社会，如何通过有效的压力管理帮助员工很好地应对压力，正在成为管理者需要重视的问题。

企业的压力管理主要从工作压力来源、员工压力反应以及员工的自身特点这三个方面入手，通过调整与减少压力来源并帮助员工改变自身，来促使员工更好地应对压力，降低压力反应。

一般来说，有效地降低员工工作压力的方法有：

第一，分解压力法。将管理中的压力一一罗列出来，在写完以后人就会觉得事情豁然开朗，所有的压力都可以一一化解。有些压力是根本就不存在的，只是自己把问题想得过于复杂。

第二，运用语言和想象放松。管理者应该教导员工成为一个想象力丰富的人，想象自己的成功固然重要，在繁重的工作中还应该想象自己轻松的状态。通过短时间的想象，往往能够迅速放松自己的心情，恢复精力。

第三，运动消气。在国外有一种新兴的行业：运动消气中心。中心有专业教练指导，教人们如何大喊大叫，扭毛巾，打枕头等，做一种运动量颇大的减压消气操。在这些运动中心，上下左右皆铺满了海绵，任人摸爬滚打。员工在工作中积累的气应该早消，而不应该积累起来，这样很容易使员工在工作中受挫。

有职业道德，才会让人刮目相看

道德是依靠人们内心的信念、社会舆论、传统习惯以及各种形式的教育力量，以善和恶、正与邪等为标准去评价人们的各种行为，以调整人与人、人与社会之间的关系，并指导控制人们行为的社会规范。

职业道德是指从事一定职业的人在工作和劳动过程中所必须遵循的行为规范。职业道德是社会道德的特殊形式。职业道德的内涵具体包括以下几个方面：

第一，职业道德是一种长期以来自然形成的职业规范，受社会普遍的认可；

第二，职业道德没有确定形式，它依靠文化、内心信念和习惯，通过员工的自我约束和自律来实现；

第三，职业道德的主要内容是对员工义务的要求，它和一般意义上的道德一样，没有约束力和强制力；

第四，不同企业具有不同的价值观，因此有不同的职业道德，职业道德往往承载着企业文化和凝聚力。

职业道德是管理者员工提出的道德要求，它要求员工具有与职业相适应的道德素质，以此来实现调整工作关系的目的，创建一种和谐而稳定的工作关系，并不断地优化工作系统，提高工作效率。

职业道德管理虽然与企业的规章制度同属于企业管理的范畴，但是二者是有相当大的区别的。具体表现在：

第一，职业道德的实行来自员工的自我约束，没有统一的约束力，没有强制性；而规章制度的执行来自企业统一的约束，有强制性。

第二，职业道德虽然追求稳定，但实质是处在不断变化之中，职业道德的刚性不强，柔性比较突出；而规章制度要求平衡各种利益，保持相对稳定，因此刚性比较突出。

第三，职业道德并不是最基本的行为准则，对于企业来说，最基本的行为准则只能是企业的规章制度。

知识型员工需要特别的管理方式

如今的时代是知识经济的时代，管理者在进行管理的过程中，要注意管理好知识型员工。对于管理者来说，管理好知识型员工就必须做好以下两个方面的工作。

一是建立企业与知识型员工的战略合作伙伴关系。管理者需要对知识型员工在企业中身份和地位进行重新认识，这是知识经济时代实施以人为本企业文化的基本前提。知识经济时代的企业应将员工视为企业的战略伙伴，而不仅仅是一个服从企业管理制度的工人。作为企业的战略伙伴，知识型员工应与管理者一道共同参与企业经营的决策，这既是企业给予员工的尊重，也能提高员工的士气。在报酬方面，知识型员工一方面获得工资报酬，另一方面还作为财富创造者，与出资人、经营者共同分享企业的成功。

二是为知识型员工的创造力营造空间。管理者必须从以下三方面来激发知识型员工的创造力。首先是激情激励。创造性的动力更多地来自员工的创新激情，这种创造性的激情一旦被鼓励、支持、理解，将发挥巨大的能量。因为创新性活动是一项耗费精力且带有风险的活动，常常要面临巨大的困难，给予创新人员的精神鼓励是十分必要的。其次是允许失败。从事创造性的工作常常与失败是紧密相连的，允许失败是对创造性员工激励的一个关键。这就需要企业首先在观念上有重大的改变，即从以人为本的角度来看待创新失败，把创新失败看作企业对人才发展的投资。最后是建立与知识型员工特点相吻合的考评制度。对知识型员工个人成就和业绩的评价如按传统的考核和激励方式显然不合适宜，一项技术或思想创新不是计件或计时能够衡量的。针对知识型员工而建立新的考核制度，需要充分考虑知识型员工的特点。

让个人英雄主义淡出舞台

团队意识和个人英雄主义在管理中虽然互相矛盾，但在成功的团队管理中必须兼具两者，缺一不可。团队意识的强弱决定团队整体战斗力。管理工作是一个系统而整体的工作，光靠几个人或单方面的工作是不可能完成的，在现代团队管理理论中也强调充分利用各种资源，实现最佳组合，以形成最大的竞争力。所以加强团队意识的培养是提高管理队伍战斗力的重要前提。

市场内外部环境瞬息万变，因而管理工作战略和战术也是动态的，需要根据环境的变化而随时调整。所以管理是一项无固定模式，需要充分发挥创造性思维，不断创新地工作。而个人英雄主义则在一定程度上决定了团队成员工作的主动性和创造性，也在很大程度上影响了团队的整体创新能力和工作质量。加强管理者团队意识的培养，并正确引导团队成员充分发挥个人英雄主义是搞好管理工作的基础。

这就要求管理者必须做到在管理队伍的成员中牢固树立团队利益至上的思想。要加强对员工的宣传和教育，尤其是在员工的培训中，要重复灌输团队利益至上的思想。只有整个团队业绩提高了，自己的才能才会得到最大限度的发挥，人生价值才能得到最大限度的实现；在日常管理工作中管理者要心胸开阔，公平公正，无私奉献，为人师表，身先士卒；要不断加强成员之间的沟通与合作，强调整体作战的重要性，充分整合各种资源，充分发挥每个成员的才能；要让每个员工都充分认识到自己离不开团队，团队离不开自己，不断增强成员的责任感和使命感，进而不断提高成员的团队意识，形成强大的凝聚力和战斗力，形成一种和谐的企业文化。

任何时候，团队利益是至高无上的

团队利益对于管理者来说应该是至高无上的，但是这并不代表管理者在引导员工维护团队利益的时候不能鼓励员工发扬个人英雄主义。管理者必须正确引导成员发扬个人英雄主义，要让员工真正理解个人英雄主义的内涵和实质。在工作中要合理授权，给员工更多自由发挥自己主观能动性的机会；对工作中遇到的难题要集思广义，积极征求员工的意见，充分发挥员工的创造性思维，在工作上不断创新和提高；要让员工在遇到困难时放弃等、靠、要的依赖思想，充分发挥主观能动性，创造性地开展工作。通过个人英雄主义的有效发挥，可以提高员工的竞争意识，提高员工的个人综合素质，这样也能使团队的战斗力大大增强。

但是在发扬个人英雄主义的时候，管理者必须牢牢把握一个原则，个人英雄主义永远服从于整个管理队伍的利益。团队意识和个人英雄主义在特定的条件下同时存在必然会产生一定的冲突和矛盾，如果处理不当，势必会影响团队的整体战斗力。根据团队利益至上的原则，个人英雄主义必须永远服从于整个队伍的利益，必须在维护队伍整体利益的前提下，发扬个人英雄主义。同时也必须注意，不能过分压制个人英雄主义的发扬，否则团队会缺乏创新力，跟不上市场形势的发展。当然也不能过分强调个人英雄主义，过分强调就会形成员工之间缺乏合作精神，各自为政，目标各异，个人利益就会占据上风，管理队伍的整体利益会被淡化。

总之，作为团队领路人的管理者必须在完成总体目标的指导下，充分发挥团队的整体作用，同时也不要忽视了团队成员的个人英雄主义。一切都是为了团队总体目标的实现。

有标准，才会有前进的动力

　　管理者在对员工进行引导的时候必须确定价值标准。考核和奖励是确定价值标准的重要方式。

　　考核和奖励之所以重要，原因主要有两个，首先对于企业来说，如何考核员工业绩，奖励谁、惩罚谁，关系到如何向员工昭示企业的价值标准，关系到企业今后的发展方向，毫无疑问至关重要；对于员工来说，企业如何评价自己，奖励谁、惩罚谁，关系到每个人的切身利益，关系到自身价值是否得到充分肯定，甚至关系到自身的去留，毫无疑问也是至关重要的。其次是如何客观、公正、科学地考核和评价员工，以及对员工进行赏罚，本身是一个很难解决的问题，中外企业没哪个敢说自己已经充分地解决好了，因此是个值得研究的问题。

　　当今许多企业、组织不知发生了什么问题，无论管理者如何使出"浑身解数"，企业、组织的效率还是无法提高太多，员工、部属还是无精打采，整个企业、组织就像一台生锈的机器，运转起来特别费劲。有一本叫《世界上最伟大的管理原则》书中记载了这样一个道理：当今许多企业、组织之所以无效率、无生气，归根到底是由于它们的员工考核体系、奖罚制度出了毛病。因此对于今天的组织来说，其成功的最大障碍，就是我们所要的行为和我们所奖励的行为之间有一大段距离。

其实管理的精髓就是这样一条最简单明白不过却往往被人遗忘的道理：你想要什么，就该奖励什么。中国古人早就发现：上有所好，下必甚之。作为一个管理者，你奖励什么，惩罚什么，无疑就是向世人昭示你的价值标准，你的忠诚员工只有认同你的价值标准，努力做你希望他做的事，成为你所希望他成为的那种人，你才能达到管理的目标。

让员工把握主动

管理者要学会让员工把握主动。很多管理者认为员工只需要服从管理者的命令，而不需要在工作中太有思想。这种做法是将员工假设为经济人。

所谓经济人是指员工是一群无组织的个人，他们在思想上、行动上力争获得个人利益，追求最大限度的经济收入。经济人的假设是泰罗科学管理理论的基础，基于这种认识，工人被安排去从事固定的、枯燥的和过分简单的工作，成了"活机器"。从20个世纪20年代美国推行科学管理的实践来看，泰罗制在使生产率大幅度提高的同时，也使工人的劳动变得异常紧张、单调和劳累，因而引起了工人的强烈不满，并导致工人的怠工、罢工以及劳资关系日益紧张等。

美国行为科学家梅奥在美国西方电器公司霍桑工厂进行了长达九年

的实验研究（即著名的霍桑实验），提出了人际关系学说。人际关系学说否定了传统管理理论对于人的假设，表明了员工不是被动、孤立的个体，他们的行为不仅仅受工资的刺激，影响生产效率的最重要因素不是待遇和工作条件，而是工作中的人际关系。

员工的行为并不单纯出自追求金钱的动机，还有社会和心理方面的需要，即追求人与人之间的友情，追求安全感、归属感，渴望受人尊敬等，而后者更为重要。因此，不能单纯从技术和物质条件着眼，而必须首先从社会心理方面考虑合理的组织与管理。企业中除了存在着古典管理理论所研究的为了实现企业目标而明确规定各成员相互关系和职责范围的正式组织之外，还存在着非正式组织。这种非正式组织的作用在于维护其成员的共同利益，使之免受因其内部个别成员的疏忽或外部人员的干涉所造成的损失。

第二章

你会化解冲突和矛盾吗？

企业的成功靠团队，而不是靠个人。

——罗伯特·凯利

认识清楚了，事情才能处理好

管理者处理员工冲突，首先必须确认哪些冲突是消极冲突，哪些冲突是非消极冲突。对于消极冲突，管理者自然应该尽量使用各种手段将冲突迅速消除；但对于非消极冲突，管理者需要积极地引导，以促使非消极冲突变成对组织有利的因素。

1860 年，林肯当选为美国总统。有一天，有位名叫巴恩的银行家前来拜访林肯，正巧看见参议员蔡思从林肯的办公室走出来。巴恩对蔡思十分了解，于是对林肯说："如果您要组阁，千万不要将此人选入，因为他是个自大的家伙，他甚至认为自己比您还要伟大得多。"林肯笑了："呵呵，除了他以外，您还知道有谁认为他自己比我伟大得多？""不知道。"巴恩答道，"您为什么要这样问呢？"林肯说："因为我想把他们全部选入我的内阁。"

事实上，蔡思确实是个极其自大且妒忌心极重的家伙，他狂热地追求最高领导权，不料落败于林肯，最后，只坐了第三把交椅——财政部长。但是蔡思确实是个大能人，在财政预算与宏观调控方面很有一套。林肯一直十分器重他，并通过各种手段尽量减少与他的冲突。

后来，《纽约时报》的主编亨利·雷蒙顿拜访林肯的时候，特地提醒他蔡思正在狂热地谋求总统职位。林肯以他一贯的幽默口吻对亨利说："你不是在农村长大的吗？那你一定知道什么是马蝇了。有一次，我和我兄弟在农场里耕地。我赶马、他扶犁。偏偏那匹马很懒，老是磨洋工。但是，有一段时间它却跑得飞快，到了地头，我才发现，原来有一只很大的马蝇叮在它的身上，于是我把马蝇打落了。我的兄弟问我为什么要打掉它，我告诉他，不忍心让马被咬。我的兄弟说：哎呀，就是因为有那家伙，马才跑得那么快的呀。"

作为管理者，林肯就是这样处理非消极冲突的。

抓住关键，才能举一反三

对于管理者来说，处理管理中的冲突并不需要太多的原则，只需要记住下面两点，所有冲突的处理都不是太难的事情。

一是要学会感激。著名成功学家安东尼指出：成功的第一步就是先存一颗感激的心，时时对自己的现状心存感激，同时也要对别人为你所做的一切怀有敬意和感激之情。如果你接受了别人的恩惠，不管是礼物、忠告或帮忙，而你也够聪明的话，就应该抽出时间，向对方表达谢意。无数的事实证明，及时回报他人的善意且不嫉妒他人的成功，不仅会赢得必要而有力的支持，而且还可以避免陷入不必要的麻烦。嫉妒不仅难以使自己"见贤思齐"，虚心向善，而且也会影响自己的心情和外在形象，更重要的是,这会使自己失去盟友和潜在的机遇,甚至还会树立强敌——因为一般来说,被别人嫉妒的人应该不会是弱者,以"一报还一报"的心理,他也不会对你太客气。

二是一切着眼于未来。就像女孩子需要真诚地去追求一样,管理者处理冲突也是需要一些耐力的。在这个意义上,宽容就是耐心,就是给人第二次机会。即便有过一次背叛和冒犯,但只要不是死怨,就要以一切着眼于未来的心态,给对方改正的机会,从而有助于重新合作。事实上,这种机会往往也是给自己的,就像自己会荒唐,会短视,会无意冒犯别人一样,别人也是可以原谅的,但同样的错误只能犯一次,因为可以无意一次,却不可能无意二次。要学会对事不对人,在你给别人第二次机会之前,一定要告诫自己"是事错了,而不是人错了"。这样你就可以给他一个完整的机会。对于管理者来说,使未来显得比现在重要,也是利于促进合作的。

面对刺头,首先要了解

对于公司管理者来说,要想处理好冲突,首先必须了解公司中的刺头。这类人是引起冲突的根源,只有对他们进行充分了解,才能够更好地解决冲突。我们可以将这些较为典型的"棘手"人物分为以下三类:

一是有背景的员工。这些员工的背景对管理者来说,是一个现实的威胁。"背景"就是他的资源，可能是政府要员，可能是公司的老板，也可能是你工作中的某个具有重要意义的合作伙伴。这些背景资源不但赋予了这类员工特殊的身份，而且也为你平添了许多麻烦。这些员工在工作中常常展现他们的背景，为的是获得一些工作中的便利。即便是犯了错，某些"背景"也可能使他们免受处罚。

二是有优势的员工。这些人往往是那些具有更高学历、更强能力、更独到技艺、更丰富经验。正因为他们具有一些其他员工无法比拟的优势，所以能够在工作中表现不俗，其优越感也因此得到进一步的彰显。这种优越感发展到一定的程度时，直接体现为高傲、自负以及野心勃勃。他们往往不屑于和同事们做交流和沟通，独立意识很强，协作精神不足，甚至故意无条件地使唤别人以显示自己的特殊性。

三是想跳槽的员工。他们显然是一些"身在曹营心在汉"的不安分分子，这些人往往是非常现实的家伙，他们多会选择"人往高处走"。如果仅此而已，也就罢了，但偏偏有些人觉得，反正是要走的，不怕公司拿我怎么样，就干脆摆出一副"死猪不怕开水烫"的姿态，不把公司的制度和管理规范放在眼里，工作消极，态度恶劣，甚至为了以前工作中的积怨，故意针对某些领导和同事挑起组织冲突，到最后，人虽然走了，但留下的消极影响却很长时间都无法消除。

处理刺头的技巧一定要高明

管理者要区分不同的情况来对待以上三类员工，千万不能贸然采取措施将三类员工全部炒掉，以保持组织的纯洁度。因为这样的结果肯定让你得到的是一个非常听话然而却平庸无比的团队——根本无从创造更高的管理绩效。

对那些有背景的员工来说，在工作能力上，这些人不一定比其他同事强，但是，他们的心理状况一般好于他人，做人做事更自信，加上背景方面的优势，更能发挥出水平。对待这种人，最好的办法是若即若离，保持一定的距离。如果在工作中有上佳表现，可以适当地进行褒奖，但一定要注意分寸，否则，这些人很容易恃宠而骄，变得越来越骄横。

对于那些有优势的员工来说，他们并不畏惧更高的目标、更大的工作范畴、更有难度的任务，他们往往希望通过挑战这些来显示自己超人一等的能力以及在公司里无可替代的地位，以便为自己赢得更多的尊重。因此管理者如果善于辞令、善于捕捉人的心理，就可以试着找他们谈谈心、做做思想工作。如果管理者并不善于辞令，那么就要注意行动。行动永远比语言更有说服力，在巧妙运用你的权力资本时，为这些高傲的家伙树立一个典范，让他们看看一个有权威的人是怎样处理问题、实现团队目标的。

对于那些想跳槽的员工，机会、权力与金钱是他们工作的主要动因。因此管理者在对这些员工进行管理的过程中，要注意以下一些原则：一是不要为了留住某些人轻易做出很难实现的承诺，如果有承诺，一定要兑现，如果无法兑现，一定要给他们正面的说法，千万不要在员工面前言而无信，那样只会为将来的动荡埋下隐患；二是及时发现员工的情绪波动，特别是那些业务骨干，一定要将安抚民心的工作做在前头。

坏脾气对管理者来说绝对弊大于利

很多管理者都是坏脾气的人。有很多专家认为管理者在对员工进行管理的过程中表现得脾气暴躁，更显威严，因为脾气暴躁的人往往是敢说、敢做、敢当的角色。他们勇于负重，嫉恶如仇，责任意识较强。正是这样一种果敢偏执的性格，使他们能成就一些事情。有些管理者把身心全放在工作上了，只恨不能 24 小时全用上，责任心被演绎成高强度的勤奋。或许靠着这种精神他曾经名利双收，或许这仅仅是他抗御无聊的一种手段。

但是我们不能把脾气暴躁和责任心画为等号，因为这种类型的勤奋，无情地剥夺了人所有的闲暇时间，使人紧张、烦闷和焦躁。责任意识，时常成为坏脾气者手中的大棒，责打自己和所有的人。

面对动辄挥舞责任大棒，动不动就对员工大发脾气的人，我们有权怀疑是奴性意识在作怪。这种管理理念是要人成为奴仆，它以责任意识为其合理的外衣，做扼杀创造性的事情。

随着知识经济的崛起，企业的许多游戏规则需要改变。一个靠脑子工作的时代，要求管理者别站在那里一味地喊"你应"，而是以一个劝说者的身份，把为什么要这样做转达到每一个参与者的心里，形成"我要"的氛围。当新的企业语境形成，"我要"的意识，会进一步演化成"我是"的自然流露。从领导的"你应"，到属下的"我要"，再到全员的"我是"，团队中个个成为能够把信送给加西亚的罗文，自然就不需要领导板着脸在那里发布命令，更不需要坏脾气插手其间。

当然有些企业管理者因为他的坏脾气而得到了员工的服从，最后为企业创造了可观的利益。但我们只能说这样的管理有时候可以管理好一个团队，但是在更多的时候，这种管理是行不通的，尤其是在员工自我意识空前觉醒的今天。

不要畏惧下属的顶撞

水至清无鱼，人至察无徒。这就是告诉我们，待人处事太刻薄了，结果人缘难处。作为朋友，你就不能用自己的标准去要求和衡量所有的人，不能责备别人的"另类"。如果面对下属的顶撞，管理者应该如何做呢？

首先必须强调的一点是，异己的存在，可以促使你在决策时格外谨慎，力求科学严谨，以免被异己找出破绽，发现纰漏。同时他可以避免你无意识地发生错误，造成不可挽回的严重后果。可以说，下属的顶撞，就是竞争对手的存在，就是监督者的存在，他可以促使双方更加勤勉。

美国前海军司令麦锡肯去看望陆军司令马歇尔时说："我的海军一直被公认为世界上最勇敢的部队，希望你的陆军也一样。"马歇尔不肯示弱，说："我的陆军也是最勇敢的。"麦锡肯问他有没有办法证实一下。"有！"马歇尔满怀信心地说。他随便叫住一个士兵，命令道："你给我过去，用身体去撞那辆开动的坦克。""你疯了？"士兵大叫，"我才不那么傻呢！"

此时，在这种关乎自己的面子和威望的非常时刻，自己的下属公然顶撞自己，领导一般都会勃然大怒。然而，马歇尔并没有这样做，他笑了笑，然后满意地对麦锡肯说："看见了吧，只有最勇敢的士兵才会这样同将军说话。"马歇尔把士兵公然顶撞自己的行为，视为勇敢的举动，这正是大将军的气魄与胸怀！这就是成大事者的独特认识。试想一下，假如马歇尔将军视那个士兵为异己，并且一味地去扼杀，他必定会置士兵于死地。最终，他不仅失去了一个士兵，而且损害了自己的威望，挫伤了所有士兵的勇气。

要给下属犯错误的机会

如果管理者确信自己不是完人,不可能不犯错的话,那么管理者也应该确信自己的下属不是完人,也不可能不犯错误。

如果你的下属因某个疏忽导致了顾客的不满,顾客上门兴师问罪来了,怎么办? 逼下属自己去道歉、让他自己处理"烂摊子",还是亲自出马去处理自己心里也没把握的问题?

首先我们必须强调,管理者有不可推卸的责任。作为一名管理者,遇到这种突发情况,先要冷静。第一,不要推卸责任,要亲自出马,对因员工的一时疏忽给顾客添加的麻烦,向顾客表示诚恳的歉意。第二,在弄清事情的经过后,对顾客提出的合理要求,应尽力予以满足,并求得相互的理解;对顾客提出的不合理要求或无理取闹、借题发挥,应做耐心的解释工作。第三,以教育为目的,对员工进行耐心的说服和教育,查找问题的症结。主动承担责任,能体现一个管理者的气度和修养,也能得到员工们的理解和尊敬。切不可不问青红皂白,当着顾客指责员工,盛气凌人。

其次要学会变坏事为好事。虽说是下属惹的祸,但你硬要他自己去收拾,碍于职权的限制,他出面恐怕不会取得什么满意的结果,很可能问题最后还要回到你这儿。如果你亲自去处理，由于对问题不甚了解而心里没底，同样不利于问题的解决。如果你与当事的下属共同去面对来兴师问罪的顾客，就大大增加了解决问题的可能性。管理者主动在外人面前承担责任，会减轻下属的包袱，他会感激你，同时你也会赢得其他下属的人心；对顾客来说，能够表现出部门对此事的重视和诚意。在解决问题和协调双方利益时，管理者较具权威性，可以更好地维护部门利益。

总之，管理者要做到优秀，就必须去扛一些事情，只有这样才能给大家留下一个负责任的好形象。

善于原谅下属的失礼之处很重要

面对下属的失礼之处，管理者应该怎么办？以下是一些遇到这种情况时必须注意的事项：

一是尊重下属的人格。下属具有独立的人格，领导不能因为在工作中与其具有领导与服从的关系而损害下属的人格，这是领导最基本的修养和对下属最基本的礼仪。面对下属的失礼之处，管理者要注意保持自己的基本修养。

二是善于听取下属的意见和建议。管理者应当采取公开的、私下的、集体的、个别的等多种方式听取下属的意见，了解下属的愿望，这样既可提高自己的威信，又可防止和员工关系的紧张。面对下属的失礼之处，管理者要耐心听取下属的意见和建议，因为很多失礼的情况是因为下属急于向管理者提意见而出现的。

三是宽待下属。管理者应心胸开阔，对下属的失礼之处应用宽容的胸怀对待，尽力帮助下属改正错误，而不是一味地打击之处，更不能记恨在心，挟私报复。

四是培养领导的人格魅力。作为管理者，除权力外，还应有自己的人格魅力。如良好的形象、丰富的知识、优秀的口才、平易近人的作风等，这些都是与管理者的权力没有必须联系的非权力影响力。

五是尊崇有才干的下属。管理者不可能在各方面都表现得出类拔萃，而下属在某些方面也必然会有某些过人之处。作为管理者，对下属的长处应及时地给以肯定和赞扬。如接待客人时，将本单位的业务骨干介绍给客人；节日期间到为单位做出重大贡献的下属家里走访慰问；有意地突出一下某位有才能的下属的地位等，都是尊重下属的表现。这样做可以进一步激发下属的工作积极性，更好地发挥他们的才干。相反，如果管理者嫉贤妒能，压制人才，就会造成管理者和下属的关系紧张，不利于工作的顺利开展。

不要助长告密的风气

管理者在处理冲突的时候一定要注意爱打小报告的员工，来说是非者，必是是非人。管理者在进行管理的过程中需要注意不要让打小报告成为一种文化。

"打小报告"在道德上是难以被人接受的，因为它使人与人之间失去信任；"打小报告"的人或告密者之所以遭人唾弃和孤立，是因为他们使周围的人感到不安全。如果企业里总有人"打小报告"，企业气氛一定是紧张不安的，员工关系、上下级关系也一定是疏远的、戒备的。这样容易根植不信任在每一个员工的内心深处，使他很难坦诚、轻松地面对他人。为了处理人际关系，他不仅会损耗大量的心理能量，而且还会因各种误解而造成自己与他人的痛苦。

"打小报告"虽然不等同于"告密"，但在人们心中，"打小报告"、告密是一个连续的链条。这些行为会造成群体和个人内心的激烈冲突。

告密还往往与不正常的社会政治生活连在一起。在法西斯统治的德国，斯大林时期的苏联，告密行为受到鼓励，它使很多忠诚正直的人受到残酷迫害，并成为一些人向上爬、实现自己个人野心的手段。一个被告密行为侵害过的社会，要重建社会成员间的信任是相当困难的。

　　因此，对于管理者来说，千万不要助长告密的风气，这种风气一旦助长，会影响整个团队的士气。管理者要保证整个团队的有效运转，使每个员工都能发挥自己的能力，并迅速成为企业的业务骨干。纪律和约束是不可或缺的，但是如何维护纪律却可以有不同的做法。优秀的管理者要有能力在企业里创造一种氛围：鼓励员工在犯错误时勇于承认，担当责任，自我教育，而不是依靠"打小报告"。

要领导，而不仅仅是管理

　　只要管理方式正确、工作氛围良好，员工就会全力以赴地工作。优秀的企业需要优秀的管理者，优秀的管理者是成功企业发展的基础。管理者要注意领导，注意在企业组织内部培养和灌输一种清晰的目标，创造一种激动人心的工作氛围。

　　首先，企业管理者必须与员工打成一片，绝不能搞个人崇拜。这是因为，许多员工对企业组织内一手遮天的管理者十分反感。谷歌公司是这样定义管理者的：管理者＝业务经营者＋运营管理者＋能力开发者。

　　该公司认为管理者应当在人力资源管理中发挥中坚作用。管理者必须关注并倾情于业务工作，必须投入从计划、执行、回顾到改进的管理循环之中，不断开发下属及本人的能力。同时管理者也必须着力培育和塑造良好的团队气氛，以提高组织的有效性。为防止公司由于各种原因出现管理断层和管理层缺位，管理者必须进行管理规划，通过员工能力评估系统选拔出管理者的候选队伍，并有组织地进行培训与开发，对确认合格的人员大胆加以任命，使其在管理工作中得到足够的锻炼与培养。

其次，在更多的时候，管理者的作用还在于启发下属。在松下公司，把事情交给部属处理是一条重要的用人原则。但该公司的领导者认为，如果指示太过详尽，就可能使部属养成不动脑筋的依赖心理，一个命令一个动作地机械工作，不但谈不上提升效率，更谈不上培养人才。

总之，埋头苦干是一种良好的品质。但作为管理者，仅如此还远远不够。成功的管理者应当是一个"领头羊"的角色，他们的价值就是把一群人带动起来。

批评永远要对事不对人

作为管理者，如果你知道你的员工犯了错误，必须对他进行批评，这个时候你应该怎么办？美国著名的女企业家玛丽凯·阿什采取了"先表扬，后批评，再表扬"的做法，并收到了理想的效果。

她认为：批评应对事不对人。在批评前，先设法表扬一番；在批评后，再设法表扬一番。总之，应力争用一种友好的气氛开始和结束谈话。如果你能用这种方式处理问题，就不会把对方臭骂一顿，从而把对方激怒。

她曾经看到过这样一些管理者，他们对某件事情大为恼火时，必将当事人臭骂一顿。主张这样做的人认为，管理者应当把怒气发泄出来，让对方吃不了兜着走，绝不可手软。但是试想一下，管理者要是把人臭骂一顿，其人必定吓得浑身哆嗦，绝不会听到你显然在骂够这些之后才补充的那句带点鼓励的话。这是毁灭性的批评，而不是建设性的批评。我们每一个人都有脆弱的自尊心，都希望受到表扬而不希望受到批评。

作为管理者，批评下属能使其虚心地反省，但方法不当则往往适得其反。在实际的管理中，必须采取高明的批评方法。批评要有针对性，不能无缘无故地批评下属，更不能把自己的不悦转嫁给下属。同时管理者必须选择对方心情冷静的时候进行批评，最好不让第三者在场。需要强调的是，你不能经常批评，要通过鼓励，启发对方改过从善。

批评是一种管理艺术，要想通过批评使被批评的人改过，往往需要开动脑筋。简单粗暴只会增加部属的忌恨，对改善工作无济于事。人是感情的动物，随意批评很容易伤害他人的自尊心，引起各种不满情绪，难免会起到反作用或造成阳奉阴违的情形。

不战而屈人之兵是上上策

下属之间在工作中难免会出现冲突，因此管理者需要有解决冲突的计策。正如《孙子兵法》所说，不战而屈人之兵是上上策。对于管理者来说，将冲突控制在发生之前也是上上策。因为如果下属之间发生了矛盾，无论解决得如何好，都会在下属双方的心里烙下印记，这就像写错了字，再好的橡皮和再高明的涂改技术都会或多或少地留下痕迹，不如最初不发生。因此，作为企业的管理者，与其天天忙碌着解决下属之间的矛盾，提高解决矛盾的技巧，不如千方百计地提高防患于未然的本领，从根本上防止矛盾的发生。

有这么一个故事：有一次，魏文王问名医扁鹊："你们家兄弟三人，都精于医术，谁的医术最高呢？"扁鹊答道："我大哥最好，二哥次之，我最差。"文王再问："那么为什么你最出名呢？"扁鹊答："我大哥治病，是治病于病情发作之前。由于一般人不知道他事先能铲除病因，所以他的名气无法传出去；我二哥治病，是治病于病情初起时，一般人以为他只能治轻微的小病，所以他的名气只到本乡里；而我是治病于病情严重之时，一般人都看到我在经脉上穿针放血、在皮肤上敷药等大手术，所以人们都认为我的医术最高明。"

从这个故事不难看出，下属之间的矛盾有利于管理者的管理，但是不利于组织目标的实现。因为对待下属之间的矛盾，从管理学控制论的角度看，事后控制不如事中控制，事中控制不如事前控制，做到防患于未然。现实中许多管理者因忙于各种事务，在对待下属之间的矛盾时往往只是事后控制，结果矛盾越处理越多，越多越忙，越忙越乱，最后企业管理乱作一团，甚至根本无法正常运转。

因此管理者必须做好的是防火工作，而不是救火工作。

真正的管理者不拒绝认错

管理者要有豁达和宽容的胸襟，要对员工的错误比较宽容，不要太过苛刻，给员工过多的责难。同时，如果管理者本人犯了错误，就应该有敢于认错的勇气。勇于认错不仅是一个领导者应有的素质，也是一种难得的品德。其实，许多大公司的管理者都具备这样的优良品德。日本"企业经营之神"松下幸之助就是一个敢于认错的优秀管理者。

一次，一位下属因经验欠缺而使一笔货款难以收回，松下幸之助勃然大怒，在大会上狠狠地批评了这位下属。

等到自己气消之后，他为自己的过激行为深感不安。因为那笔货款发放单上自己也签了字，下属只是没把好审核关而已，自己也应负一定的责任，确实不应该那么严厉地批评下属。

他想通之后，马上打电话给那位下属，诚恳地道歉。恰巧那天下属乔迁新居，松下幸之助便登门祝贺，还亲自为下属搬家具，忙得满头大汗，令下属深受感动。

然而，事情并未就此结束。一年后的这一天，这位下属又收到了松下幸之助的一张明信片，上面留下了一行亲笔字：让我们忘掉这可恶的一天吧，重新迎接新一天的到来。看了松下幸之助的亲笔信，该下属感动得热泪盈眶。从此以后，他再也没有犯过错，对公司也忠心耿耿。松下幸之助向下属真诚认错成为整个日本企业界的一段佳话。

许多开明的管理者都坚持认为：上司承认错误是勇敢的表现、诚实的表现，不但能融洽人际关系、创造平和氛围，而且能提高上司的威望、增进下属的信任。只有那些自尊心特别脆弱的管理者，才不敢在犯了错误以后向员工认错。这种管理者是很难得到员工信服的。员工信服的管理者都是敢做敢当、决不推卸责任的管理者。

不怕失败，敢作敢为，才是真丈夫

不怕失败，敢作敢为，这是一个管理者应有的基本素质。如果管理者缩手缩脚，缺乏风险意识，不能开拓进取，那么，他所领导的整个团队肯定是一潭死水。

很多人都抱怨制度限制了他们的行为，而美国康柏电脑公司总裁谢克却不这么认为。他说："大公司的条条框框不会束缚一个管理者的手脚。规章制度只规定了一些基本的东西而已，还留有很多空间供个人发挥、个人创意。很多人没有创意，没有把东西做出来，就归咎于规章制度对自己的束缚。实际情况不是这样。"

他把缺乏创意的原因归为两个：一是自己没有能力去创新；二是害怕面对失败。新的东西一定是人家都没有尝试过的，成功的另一面就是失败。因此,并非每一个管理者都能勇于直面失败。

对于小公司来说,有时不一定需要什么制度。如果几个人都很能干,就用不着什么制度了。但公司大了以后,人员素质参差不齐,人与人之间需要配合,这时就需要制度了。但是,管理者与普通员工对制度的看法应该有所不同。普通员工看制度看的是数字,是九点零五分不是零六分,是做三遍不是做四遍。他不用想别的事情,只要按制度做就行了。但作为管理者,就不应该这样看待制度了。制度是人定的,管理者必须清楚每条制度的制定究竟出于何种考虑。制度只能是一条、一段、一本书,但环境是不断变化的,仅靠制度解决不了现实环境中千变万化的问题。现实随时变化,制度也要变,这就需要管理者充分了解并努力缩短环境与制度之间的距离。

管理者要敢于迎接挑战,不要害怕失败,老是按照以前所教的招数来进行企业管理,这样会让整个管理失去活力和创新,最终只能导致管理的失败。

解决矛盾采用正确的技巧才是真理

在处理冲突、解决矛盾的过程中,管理者要注意以下一些技巧:

一是要暗中解决矛盾。因为人们都有爱面子的心理,私下解决就是给矛盾的双方保留了面子。因此矛盾应尽量暗中解决,不要张扬出来。

但对那些不伤面子，同时又有普遍教育意义的可以公开出来，起到教育其他下属的目的。

二是原则和灵活相结合。原则就是不能侵害组织利益，灵活就是解决矛盾的方法不要千篇一律，不要教条式地解决问题。有些矛盾要防患于未然，有些矛盾可以事中控制解决，而有些矛盾可以让它量变到一定程度发生质变时再解决。

三是有些矛盾不解决比解决好。有一个广为流传的历史故事：楚王举行晚宴招待群臣时，在突然灯灭的情况下，楚王的爱妃被人非礼！面对此种情况，怎么办？这位聪明的国王采取了不解决矛盾的办法，其最后结果大家都是知道的，那位非礼王妃的将军为国家立下巨大的战功。楚王采取了不解决矛盾的办法，从而产生了积极的效果。其实从某一方面来讲，不解决也是一种解决方法。

四是不是工作矛盾，不要轻易介入。现实中下属之间的有些矛盾不是工作矛盾，如恋人之间的矛盾，不要轻易介入。一旦介入，很有可能把自己套住甚至套牢，因为清官难断家务事。当然，部属之间的这些非工作原因产生的矛盾有时确实也会对工作产生不良影响，那么作为管理者应该从影响工作的角度来做其思想工作，必要时做善意的提醒。

五是对恶意制造矛盾者绝不能手软。恶意传闲话者，故意制造事端者，生怕天下太平者，甚至与外部勾结，找内部员工的麻烦者，要果断解决，坚决辞退，无论他有多高的才能都不能用。

不要排斥与下属的合作

与人合作最棘手的问题之一,就是人与人之间的磨合常常令人身心疲惫。有人甚至深有体会地说,人与人之间的合作在管理中花去的成本始终是最高的。一般来说,作为员工不外乎有以下四种类型:

一是分析型。这种员工是完美主义者,做事力求正确,但完美倾向也会导致墨守成规,优柔寡断。分析型的人喜欢独立行事,不愿意与人合作。尽管他们性情孤傲,但患难之中却最见其忠诚。

二是温和型。他们常常喜欢与人共事,淡漠权势,精于鼓励别人拓展思路,善于看到别人的贡献。由于对别人的意见能坦诚以待,他们往往能从被其他团队成员否决的意见中发现价值。温和型的人常常为团队默默耕耘,往往成为团队中无名的幕后英雄。一般说来,温和型的人往往能在一个发展稳定的、架构清晰的公司中表现出色。一旦他们的角色界定、方向明确,他们就会坚定不移地履行自己的职责。

三是推动型。他们注重结果,最务实,并常常引以为豪。他们喜欢确定高远却很实际的目标,然后付诸实施。他们极其独立,喜欢自己制定目标,不愿别人插手。他们善于决断,看重眼前实际,具有随机应变的本事。但有时太好动,往往因仓促行事而走弯路。无论表达意见还是提出要求，推动型的人都很直率。

四是表现型。这种员工好出风头，喜欢惹人注目，是天生的焦点人物。他们活力十足，总喜欢忙个不停。他们偶尔也会显露某种疲态，这往往是因为失去了别人刺激。表现型的员工容易冲动，常常在工作场所给自己或别人惹出一些麻烦。他们喜欢随机做事，没有制订计划的习惯，不善于进行时间管理。他们善抓大局，喜欢把细节留给别人去做。

对于管理者来说，要针对不同类型的员工采取不同的管理方法。

达成共识，才能共同前进

IBM 的创始人沃特森被誉为"企业管理天才"。他相信：只要尊重员工并帮助他们自己尊重自己，公司就会赚大钱。

沃特森善于发掘员工的潜力，善于调动员工的创造精神与献身精神，想方设法去刺激员工为公司出谋划策。为了保护员工的工作热情，增强员工对公司的亲近感与信任感，他广开言路，广泛倾听各种意见。

IBM 规定：公司内任何人在感到自己受压制、打击或冤屈时，都可以上告。他亲自接见告状人，对有理者给予支持。他鼓励员工们在工作中不怕失误和风险，敢于承担似乎不可能完成的任务。他本人则一天工作 16 个小时，几乎每晚都在这个或那个雇员俱乐部中出席各种集会和庆祝仪式。他作为员工相识已久的挚友，同员工们谈得津津有味。

对于一个优秀的管理者来说，有了目标之后，就要与员工分享并逐步达成共识。柯达公司进入影印机市场后，把重心放在复杂技术与高级设备上，成本居高不下，几乎没有利润，而且库存问题非常严重。1984年，查克临危受命，担任影印产品事业部总经理。查克希望加强与员工的沟通，为此，他每周和直属部下开会；每月举行"影印产品论坛"，和每个部门的代表员工直接沟通；每周与重要干部及最大的供应商开会，谈论重大的变迁及供应商关心的事情；每个月员工都会收到4到8页的"影印产品通讯"，并向员工提供直接与高层管理人沟通的机会。

短短6个月以后，公司终于与1500个员工达成共识。公司状况开始出现转机，库存量减少50%，部门生产率平均提高31倍。事实证明，只有走近员工，才能了解员工；只有和员工达成共识，才能和员工同心协力，成就一番事业。

有信任，所以有力量

信任可以产生一种力量，这个道理谁都知道。然而，在许多企业里，信任危机已经是一个非常普遍的问题。作为一个管理者，应该大胆地相信信任所产生的巨大威力。在一个企业里，如果员工时时受到怀疑、处处受到监视，那么，他们是根本不可能为公司尽心竭力的。

正如管理学者道格拉斯·麦格雷戈所说："一旦知道对方不会精心

地或偶然地、有意识地或无意识地不公正利用我，我就可以完全放心地将我的处境、我的地位与我的尊严置于这个小组中，我就可以把我的关系、我的工作、我的职业、我的生活置于对方的手中。这就是良性循环的开始。"

在经营失败的案例中，很多管理者都把命令直接下给基层。事实证明，这种做法会严重挫伤基层单位领导人的积极性。人力资源管理的专家更是指出，假如你有什么事，要通过各级负责人，而不能越权布置工作。如果你叫某人负责某项工作，千万不要在与他商量之前就做出决定，或直接对他的下属下命令。如果你必须否定他的意见，你也要首先征求他的意见。不然，你就会使他有职无权，本应属于他分内的工作就会完全落在自己肩上了。

越权布置本身就是不信任的表现，基层管理者会认为你这不是在帮助他，而是在妨害和干预他的工作。因此，不干涉下属的工作，让下属自己做，这是最好的方法。越权布置工作往往会使基层管理者缺乏威信，最容易出现的可怕结果就是怠工，整个企业也会逐步涣散起来。

韦尔奇认为，管理者应当抽出一定的时间与精力去寻找合适的管理人员并激发他们的工作动机。他强调，有想法的人就是英雄。他的主要工作就是去发掘出一些"很棒的想法"，然后"完善它们"。

让人由衷地敬畏

一个优秀的管理者必须有很强的人格魅力，通过人格魅力来使员工自觉地接受管理者的工作安排。

泰国曼谷东方饭店曾先后四次被美国《国际投资者》杂志评为"世界最佳饭店"。饭店管理的巨大成功与总经理库特·瓦赫特法伊特尔是密不可分的。库特先生像管理一个大家庭那样来经营东方饭店，其管理饭店的秘诀就是"大家办饭店"。库特先生除了有一套行之有效的管理措施之外，他的人格魅力也使他在管理这个世界著名饭店时得心应手。他虽然当了数十年的总经理，是主宰饭店一切的最高负责人，但却从不摆架子，对一般员工也和蔼可亲。哪个员工有了困难或疑问，都可以直接找他面谈。他在泰国很有声望，曾被泰国秘书联合会数度评为"年度最佳经理"。

为了联络员工的感情，使大家为饭店效力，库特先生经常为员工及其家属举办各种活动，如生日舞会、运动会、佛教仪式等。这些活动无形中缩小了部门之间、上下级之间的距离，对提高员工的积极性、融洽相互之间的关系、改进饭店的工作起到了推动作用。

作为一个管理者，绝不能凌驾于制度之上。如果管理者能自觉地遵守制度，员工就不会轻易地违反制度。如果管理者自己不遵守制度，下级就会步步效法。口是心非是管理的大忌。作为管理者，言行一致、直言不讳更能得到员工的尊敬与信赖。很多时候，言行不一会严重影响管理成效。

优秀的管理者应该尽量赞赏下属的才干与成就，要尽可能地把荣誉让给下级，把自己摆在后面，这样下级才会为你尽心竭力。如果自己的虚荣心太强，处处压抑下级，就必然引起下级的反感。

幽默的管理者当然更受欢迎

幽默是一种品质，管理者的幽默有利于管理目标的实现。

美国历史上的许多重要人物，如林肯、罗斯福等，都有幽默的好习惯。有一次，林肯与一位朋友边走边交谈，当他们走至回廊时，一队早已等候多时、准备接受总统训话的士兵齐声欢呼起来，但那位朋友还没有意识到自己应退开。这时，一位副官走上前来提醒他退后八步，这位朋友才发现自己的失礼，立即涨红了脸，但林肯却微笑着说："白兰德先生，你要知道也许他们还分辨不清谁是总统呢！"就这么一句话，立刻打破了现场的尴尬气氛。

人应该善待自己，善待他人，善待生活中的失败、痛苦，甚至身体的缺陷。如果你换个角度去看，用乐观的思想、轻松的心态去对待，也许能使你的生活充满亮色，使你本来忧郁的心情像满天的乌云被吹散一样明朗。

从管理的角度看，幽默和提高生产效率应该是相辅相成的。随着竞争的加剧，经济的动荡，企业员工面对着超乎寻常的压力，运用幽默进行管理，管理者往往可以取得很好的效果。据美国针对 1160 名管理者的调查显示：77％的人在员工会议上以讲笑话来打破僵局；52％的人认为幽默有助于其开展业务；50％的人认为企业应该考虑聘请一名"幽默顾问"来帮助员工放松；39％的人提倡在员工中"开怀大笑"。一些著名的跨国公司，上至总裁下到一般部门经理，已经开始将幽默融入日常的管理活动当中，并把它作为一种崭新的培训手段。

人都喜欢与幽默的人一起相处。在西方，没有幽默感的人，简直就是没魅力、愚蠢的代名词。幽默的管理者比古板严肃的管理者更易于与下属打成一片。有经验的管理者都知道，要使身边的下属能够和自己齐心合作，就有必要通过幽默使自己的形象更具有亲和力。

精准
管理

第三章

YOUQICHANG CAIHUI YOUMEILI
有气场才会有魅力

你不能衡量它，就不能管理它。

——彼得·杜拉克

任何时候，都要展现自己的魅力

　　管理者吸引员工要从关注外在形象开始。一个人的外在形象如何常常向人显示他是谁，他的自我感觉如何。

　　对于管理者来说，外在形象就是他给员工、给上级的第一印象，而第一印象往往能持久。在行走中昂首挺胸、充满自信的管理者往往让他人乐于交往，而怯生生、缩头缩脑的管理者则让人鄙夷。衣着怪异、头发凌乱、长期不修剪指甲、领带污迹斑斑、衬衣一角外露的管理者很难显示自己的魅力。衣着随便往往是管理者个性的体现，但是他人却认为此管理者马虎大意，很难思维缜密。对于管理者来说，外表形象不仅是个人形象问题，而且是企业整体形象问题。

　　管理者魅力更多的时候表现为一种非语言的交流方式。有一项研究表明，人的情感沟通能力只有7%通过语言来表现，37%在于话中所强调的词，而有56%与言辞完全无关。也就是说，管理者魅力的建立更多的时候不在于你怎么说，而是在于你怎么做和怎么表现你自己的想法。外在形象无疑是重要的一环。

　　员工对管理者的第一印象一半以上受到管理者外在形象的影响。企业常常花费数百万元就是为了替它的产品寻找一个合适的包装，以此来吸引顾客的注意力。"任何一个做市场的人都会对你说,第一笔生意的成交 85％受产品外观的影响,同一产品第二笔生意的成交 85％受产品质量和内涵的影响。所以首先是包装,其次才是内在的东西。"

管理者应该培养一种让自己都感觉舒服的外在形象,通过这种外在形象来形成个人风格。这种风格能恰当地表达管理者,而不是表达别人。管理者的个人风格和企业密切相关,它就是企业的象征。

正确的肢体语言让管理者魅力无穷

管理者要吸引员工必须对自己的肢体语言进行控制。如果管理者的肢体语言表现得缺乏自信,那么管理者的信誉和专业精神都将受到质疑。

同样对于管理者来说,肢体语言所传达的信号很可能在几秒钟内决定管理者的成败。坐立不安的管理者很明显是缺乏信心,谁愿意和缺乏信心的管理者合作呢?而这个形象难题是很难克服的。

研究表明,当管理者不停地摆弄他的手脚,便意味着他想逃离现场,透露出的是胆怯、不安、害怕的信号。因此对于管理者来说在任何时候都要带着"我能控制局面"的自信,让自己的表现放松。在这种状态下,才能够应付一切可能发生的情况。

如果管理者拒绝直视别人的眼睛,就会使人感到那是一种侮辱。一个汇报工作的员工如果发现管理者根本就不看他的眼睛,那么他的心情是可想而知的！

眼神是管理者必须注意的重要方面。一个管理者的魅力很大程度上是通过眼神来表现出来的。富有魅力的管理者都知道如何控制自己的眼神，以便使自己看起来就像是世界上最重要的人物一样。对于管理者来说，将注意力集中在谈话对象的身上是为了表示尊敬，同时也表明他对对方所谈的话题很感兴趣。另外，将注意力集中在谈话对象的身上还是为了表现自信、正直和诚实。

管理者要像重视自己的决策一样重视自己的肢体语言。通过对肢体语言的控制，管理者能更好地吸引员工，增强自己的魅力，更能够促使员工无条件地服从管理决策，实现管理目标。

水至清则无鱼，人至察则无徒

战国时代的孟尝君养了三千多个食客，个个都很有本领。秦昭襄王很仰慕孟尝君的才能，于是请他到秦国做客。不久秦王经受不住谗言，把孟尝君给软禁了起来。孟尝君被软禁后，他的食客去求秦王的宠妾燕妃帮忙。然而燕妃要求孟尝君送她一件白狐裘。孟尝君的一位食客自告奋勇地偷偷进入皇宫，学着狗叫把卫士引开，偷回了一件已经献给秦王的白狐裘给燕妃。燕妃在秦王面前为孟尝君说了不少好话，于是秦王心一软，就释放了孟尝君。孟尝君害怕秦王反悔，于是刚被释放就趁着黑夜向齐国逃去。来到了秦国的边界函谷关时仍然是深夜，城门紧闭，根本没有办法出关，城门必须等到鸡鸣才会开放，但是如果等到天亮，秦王一定会派人来追杀他们。就在这时候，忽然有位食客拉开嗓子，学着鸡鸣，全城的鸡于是稀里糊涂地都跟着一起叫。守城门的士兵听到有这么多鸡在叫，以为天已经亮了，便打开城门，放他们通行了。

对于管理者来说，要有宽容的雅量，要务实而不能务虚。管理者的魅力很大程度上表现为容人之量。容忍员工的某些欲求和缺陷才能使员工由衷地归附和尊敬你，才能为你卖命。凡是小肚鸡肠、心胸狭窄者，崇尚清谈的管理者，不但不具备管理者的魅力，反而容易和员工搞僵关系、反目成仇。

管理者可以自己清高，将做人的标准定位很高，但是只要管理者在做企业，就应该以企业的利益为大，就应该处处维护企业的利益。如果缺陷颇多的员工对企业确实有特殊贡献，管理者又何必拘泥于员工的为人呢？

影响力的作用不可小瞧

影响力是指一个人在人际交往中，影响和改变他人的心理与行为的能力。影响力分为权力影响力和非权力影响力，其中非权力影响力就是魅力。管理者的影响力主要表现为在管理活动中，有效地影响和改变被管理者的心理与行为，使之纳入整体活动目标轨道的能力。任何管理活动都是在管理者和被管理者的相互作用中进行的。非权力影响力主要包括品格因素、能力因素、知识因素、感情因素等。

非权力影响力是管理者的行为和素养的体现，它是软性的影响力。非权力影响力的特点主要有：

第一，非权力影响力是管理者自身的行为和素养自然地引起被管理者的敬佩感、信赖感和服从感；

第二，这些行为和素养是由管理者本身所具有的，这种影响力是内在因素起作用引发的；

第三，非权力影响力是由管理者个人根据工作需要，以及自身状况与工作需要的适应程度进行的自我调试。

非权力影响力是管理者影响力的基础要素，要让员工自觉地、真正地服从，仅仅依靠权力是不行的。一个管理者只有品德高尚、作风正派、处处以身作则、为人表率、秉公执政、在工作中做出许多成绩，他的管理活动才容易被员工所接受，他的为人才能得到员工的钦佩，他才能得到员工心理上的归属。这种归属不是强制的，而是由衷的、自觉的、心甘情愿的。非权力影响力较之权力影响力具有更大的作用，它是管理影响力的关键所在。

非权力影响力所体现出的管理者的品质、作风、业绩以及行为榜样等非权力因素更多地属于自然影响力，它表面上并没有合法权力的约束力，但实际上常常能发挥权力影响力所不能发挥的约束作用。

严格要求，培养自己优秀的品格

管理者的品格是决定管理者自身价值的一个重要方面，也是管理者魅力的重要源泉。具有高尚品格的管理者会放射出磁石般的力量，对于追随他们的员工来说，他们是最终目标的象征，是希望的象征。

管理是一种指挥和控制行为，是管理者对被管理者产生影响的过程。成功管理的关键就在于管理者具有超过一般人的影响力，以此来有效地影响被管理者的心理和行为。而影响力主要来自强制性影响和自然性影响。品格是自然性影响的主要来源。一个管理者能不能以及多大程度地受到员工的拥护，在很大程度上取决于他的品格修养。

华盛顿以其完美的品格赢得了新生美国的信任，当上了第一任总统，新美国的第一任管理者。1788年，出席制宪会议的代表皮尔斯·巴特勒在谈到总统权限的规定时说过这样一段话：代表中有许多人选举华盛顿将军担任总统，而且根据他们对华盛顿品格的看法来决定他们应当给予总统多大的权力。可见良好的品格是造就优秀管理者的基础，而不好的品格往往成为管理者成功的羁绊。良好的品格有助于有效管理的实现，它可以加强企业的整体性，使管理者和被管理者休戚与共、荣辱相依，从而实现企业的经营目标。试想一个品格低劣却又大权在握的管理者如何能实施有效的管理? 管理者的品格具有多层次的内容,主要可以从道德品质和个性品格两个方面来考察。

成功管理者的性格应该是积极活跃的。这种管理者极为活跃,并乐此不疲。他们的自尊心往往很强,但是也比较会适应环境。他们重视高效率,懂得灵活恰当地运用自己的风格。他们往往给自己确定一个比较明确的目标,然后朝着这个目标不断前进。总之,这种管理者充分动用理智,用大脑来移动双脚。

有知识,当然有魅力

一个管理者知识的渊博程度能够影响其魅力。对于一个管理者来说,知识素养是相当重要的。在管理者进行管理的过程中,知识素养不但决定了管理者的思想观念和思维方式,而且决定了员工对管理者的信服程度。

我们可以拿历史上著名的亚历山大大帝来说明知识素养如何培养魅力。亚历山大大帝 13 岁时,父亲为了将这个未来的君王培养成博学多才的人,特意聘请了当时希腊最有学问的亚里士多德来做儿子的老师。在三年的学习过程中,亚历山大和亚里士多德朝夕相处,形影不离。在亚里士多德的教导下,亚历山大迅速成为了那个时代少有的学识渊博的君主。后来他率军横扫欧亚大陆,在远征中仍不忘记读书,并命令士卒返回希腊为他运来许多书籍，这些书涉及面广，包罗百科。渊博的知识赋予了亚历山大非凡的魅力。波斯国是亚历山大一直想征服的庞大帝国，亚历山大以极其友善的态度和有节制的提问使来访的使臣心悦诚服。最后有位使臣说道："这个孩子才是伟大的君主，而我们的国王只不过是徒有钱财而已。"在后来的征服中，亚历山大大帝所向披靡，声名流传百世，正是他那渊博的学识塑造了超凡的魅力，吸引了一大批跟随者为其服务。

管理者要想在工作中赢得服从，就必须培养自己超凡的魅力，而超凡魅力的培养中，必须注意知识素质的提高。因为知识素质是超凡魅力的重要基础之一。拥有知识的管理者和没有知识的管理者不但在处理业务的能力上有天壤之别，在言谈举止上也差别巨大。因此管理者在造就超凡魅力的同时，一定要注重知识素质的提高，通过提高知识素质来培养超凡魅力。

如何充分表现自己的能力

管理者必须有能力，否则他就是一个不合格的管理者。管理者在进行管理工作中必须表现出自己胜任该工作的能力，如果管理者做不到这一点，那么他的管理是很难有成效的。管理者可以道德高尚，可以幽默管理，也可以对整个团队投入很大的热情，但是作为管理者首先应该有能力把自己的工作做好。在现实的管理活动中，我们看到了许多有才无德的管理者。我们鄙视他们，不服从他们的管理；相反，我们对那些有德无才的管理者却产生莫名的钦佩，对他们的指示坚决服从。这是一种病态的服从，是一种按照个人的好恶来决定作为的服从，是不值得提倡的。我们真正应该服从的是那些有能力的管理者，因为只有他们才能够把管理工作做好，才能够为企业、为员工带来利益。

一个有能力的管理者会给员工带来成功的希望，自然会让员工产生对他的敬佩感。敬佩感是吸引人们自觉去接受影响的基石。在管理日常事务中，有些管理者身居高位，却常常是名不符实，处理事务慢慢腾腾，不能按时完成计划，完成的质量也大打折扣。同时作为管理者，他们由于缺乏判断能力，经常会做出错误的决定，这样的管理者在企业中主持工作，很难让员工与其协调，势必妨碍整体工作业务的开展，因此必须选择具有真才实学的管理者。同时给管理者安排的职位也必须考虑其实际能力，如果让一个管理者去担任他完全力不从心的职位，这对管理者本人来说是一件相当苦恼的事情，对员工来说也是一件相当苦恼的事情。

待人要和蔼可亲，平易近人

感情是人对客观事物好恶倾向的内在反映，人与人之间建立了良好的感情关系，便能产生亲切感。在有了亲切感的人与人之间，相互的吸引力就大，彼此的影响力就大。管理者平时待人和蔼可亲，平易近人，时时体贴关怀员工，和员工的关系相处得十分融洽，他的影响力往往比较大。如果管理者与员工关系紧张，时刻都要互相提防，那么势必会造成管理者和被管理者的心理距离。这种心理距离是一种心理对抗力，超过一定限度就会产生极坏的影响。

一个管理者要将他的决策变成员工的自觉行动，单凭职位权力显然是不够的，即使是有能力方面的吸引力，在很多时候也是力不从心的。因为员工已经不再是传统意义上的经济人，而是渴望得到关怀的社会人。因此管理者要想使员工心悦诚服，为其所用，就要保证员工在感情上能心心相印，忧乐与共，以便发挥感情的影响。对感情影响力的培养最为关键的因素就是要克服官僚主义的领导作风，做到从感情入手，动之以情，以取得彼此感情上的沟通。

人格影响力是指管理者在管理工作中，通过自己的品德素质、心理素质和知识素质在被管理者的身上产生影响的一种力量。其中品德素质是人格影响力的基础。管理者良好的道德、品行、作风往往会对员工产生潜移默化的作用。管理者的心理素质，是人格影响力的关键。在心理素质中，管理者必须具备丰富的情感，对员工充满热忱并关怀备至，这样才具有强大的人格魅力。而知识素质是管理者人格影响力的能源，在管理工作中，知识渊博、业务素质高的管理者自然会形成一股凝聚力，员工自然会信服管理者的管理。

任何时候，不要忽视榜样的力量

世界上任何一个不断发展、不断进取的民族，都不会忽视榜样的力量：

半个多世纪前，苏联军民在莫斯科阻止了纳粹军队的前进步伐，到今天仍是俄罗斯人民的骄傲。在克里姆林宫的无名烈士墓前，总有新郎新娘向祖国保卫者献花。

尽管一个小男孩一泡尿浇灭炸药引线、救了全城人性命的故事还有待考证，但作为比利时人的骄傲，小于连一直矗立在布鲁塞尔街头，让来自世界各地的人们前来参观和敬仰。

我国有句古训：三人行必有我师。没有榜样是悲哀的；有榜样而不知尊敬和学习，则是更大的悲哀和不幸。

管理者在对员工进行管理的过程中要注意榜样的力量，要注意以身作则。这样往往能够使管理工作正常有序地进行。

榜样影响力是一种值得重视的非权力影响力。它是指在管理工作中，管理者通过自己的行为给员工提供一种值得学习和效仿的模式，使之在被管理者身上产生影响的一种力量。被管理者可以通过耳闻目睹，了解、收集管理者发出的种种信息，通过内心感受和体验，内化为自己的主观意识和态度，进而引起思想感情的变化，最后转变为自己自觉自愿的行动。榜样影响力会产生巨大的心理感召力量，可以使管理工作深入人心。如果一个管理者要求其员工按时上班，首先他自己必须按时上班，以此来作为榜样，使员工自觉地按时上班。

榜样影响力是自发实现的，对被管理者的影响程度和范围相对较小；而人格影响力则是自觉实现的，其影响的程度深、范围广。榜样影响力是人格影响力的前提和基础，而人格影响力则是榜样行为影响力的发展，是一种更为高级的非权力影响力。

道德品质被认可，才能实现有效管理

印度独立后的第一任总理尼赫鲁在政治生涯开始时便追随圣雄甘地，支持甘地所领导的运动。甘地本人对他十分欣赏，寄予厚望。甘地经常和尼赫鲁在各种问题上交换意见，主动提拔他担任领导职务，由于甘地的作用，尼赫鲁在国大党的地位迅速提高。尼赫鲁虽然九次被捕入狱，但是他从未放弃他的政治抱负和理想。更加可贵的是，尼赫鲁并不盲目地追随甘地，他不怕困难，对欧洲进行了考察，在很多问题上的看法早已超过甘地。他始终走在印度民族解放运动的最前列，提出了印度"完全独立"的政治目标，得到了印度人民的广泛拥护。他所具有的良好道德品质如对革命的坚定信仰和目光的远大深受印度人民的崇敬和信赖。政治家需要良好的品格，因为他要实现有效的领导和管理，同样管理者也需要实现有效的领导和管理，因此管理者同样需要良好的品格。

有些政治家对道德品质不屑一顾，如美国前总统尼克松在他的《领导者》一书中对其表示轻视。他说："美德不是伟人领袖高于其他人的因素。"但这种认识从根本上来说是错误的，它将权力等同于权术。权术往往是不择手段的，在不够民主和透明的权力机制下，它有可能发挥作用，但是在民主化和透明度很高的机制下它往往会让管理者寸步难行。尼克松最终因为"水门事件"而下台，正说明了这点。只有道德被认可，才能实现有效的管理，否则一切都是空谈。

管理者必须通过自己的道德品质来吸引员工。员工往往对管理者的能力表示钦佩，进而服从，但更多的时候是为管理者的道德品质所感动，进而产生无条件的服从和信赖。因此管理者要注重自身道德品质的培养，虽然不能做一个伟大的人，但是一定能做个崇高的人。

雄辩的口才能体现出你的自信

好的口才往往能够造就超凡魅力，对于管理者来说，培养好的口才是必须的。在历史上，众多的领导者和管理者都注意自己口才的培养，因为良好的口才能够让一个管理者在实施管理的过程中，更恰当、更合理地向员工表达自己的意思，甚至是宣扬自己的主张，进而达到说服员工服从的目的。

美国前总统尼克松口才素养十分优秀。1952 年，尼克松被提名为艾森豪威尔的副总统候选人。但是在竞选期间，有家报纸突然报道尼克松曾收受贿赂，舆论顿时哗然，共和党、民主党的领导人都一致不看好尼克松，就连艾森豪威尔也打算抛弃这一名声不好的伙伴。在这个时候，尼克松夫妇以及两个女儿和一只身上有黑白斑点的小狗坐在书房里的画面出现在电视屏幕上，在这样一个十分轻松的氛围中开始向公众演说。他说他一生中只接受过一次馈赠，那就是别人送给他女儿的这条小狗。他十分诚恳地为自己辩解说，在选举之后，他们的确得到一件礼物，一个得克萨斯的人听到他们的两个孩子希望有一条狗，于是给他们寄了一条西班牙长毛垂耳小狗，身上有黑白斑点，它是被装在一个板条箱中，从遥远的得克萨斯运过来的。他们把这只狗叫作切克尔斯。大家都知道，孩子们是喜欢这只小狗的。不管别人对此说些什么，他们都要养这只狗。尼克松没有高谈阔论，而是向公众道起了家常。这种说法不仅为尼克松洗清了污点，还塑造了一个忠诚、充满爱心的形象，以此来感染了无数选民，最后获得成功。

优秀的管理者需要有良好的口才，有时候还需要雄辩。因为雄辩能够体现一个管理者的能力和信心，而毫无疑问正是这些能力和信心塑造了管理者的超凡魅力。优秀的管理者和领导者都会将雄辩作为制胜的武器。

塑造员工所需要的形象

魅力很大程度上表现为形象，成功管理者的魅力往往表现为管理者的形象。对于管理者来说，可供选择的形象很多，于是所有问题的关键就是要塑造什么样的形象。

首先必须塑造员工需要的形象。如果一个企业管理者不能以一个员工需要的形象出现在员工的面前，就很难得到员工的认同，很难融入企业的文化之中，更不用提改善管理。因此，对于管理者来说，首先必须塑造一个员工需要的形象。

历史上有很多成功的管理者和领导人塑造了良好形象，结果获得了成功。管理者要管理好自己的员工首先就必须为自己塑造一个良好的形象。

俄国女皇叶卡特琳娜二世并非正宗俄国人，而是一位被俄国召来作为彼得大公夫人候选人的德国公主。但是为了能够崛起，在俄国政坛上崭露头角，她一到俄国就清楚地意识到当务之急是要做一个地地道道的俄国人，为俄国人所接受。于是这位德国公主拼命地学俄语，并毅然放弃自己原来信奉的耶稣教，改为信奉俄罗斯东正教。通过这两大举措，她在俄国民众面前迅速树立了良好的形象。俄国民众都觉得她可亲可敬，后来终于赢得了伊丽莎白女皇的赏识和喜爱。不久她就顺利地成为了大公夫人，最后夺取了政权。

美国总统富兰克林·罗斯福在年轻时玩世不恭，是一个典型的花花公子。1910年为了竞选州参议员，他一改往日装束，以相当朴素和勤劳的形象出现在农村选民面前。同时为了获得更多支持，他驾着一辆既无顶篷又无玻璃的汽车，在丘陵旷野和乡村泥泞小道上奔波不止，经常是满身灰尘。后来车子跑坏了，他就步行了约两千英里，走遍了各个村庄，最终罗斯福以其真诚的形象感召了农村村民，在第一次竞选中大获全胜。

不要采用错误的管理风格

不同的管理者有不同的管理风格，管理风格比较民主和开通的，管理活动就进行得比较顺利；管理风格比较专制和独裁的，管理活动就困难重重。在所有管理风格中有三种管理风格是管理中极为不好的，但也是比较常见的。

第一种管理风格是独裁。独裁是指管理者大权在握，唯我为是，从不顾及其他人的意见和情绪。这种管理风格只会导致民怨沸起，阳奉阴违。不论是错误的决策还是正常的决策，都难以得到贯彻执行；即使执行，效果也是很不好的。

第二种管理风格是折中。折中是指管理者在管理活动中，采取息事宁人的方法，实行折中方案。这种管理风格看似不偏不倚、客观公正，但实质上是有意无意地偏袒了某一方，进而伤害了另一方。因为管理活动所涉及的对象和事物彼此之间不可能完全对等，但管理者把它们对等看待，这就强行地制造了良莠不分的局面。

第三种管理风格是放任自流。放任自流是指管理者对管理事务撒手不管。虽然有了决策，有了计划，但是到底有没有有效地执行，管理者不管，甚至决策的制定和实际操作，他都不管。员工可根据自己的愿望，自由地操纵管理活动的发展进程。这种管理方式表面看来是给员工以极大的自由度并充分相信他们的能力、态度，让他们放开手脚、发挥自己的主动性和创造性。但在实际上它是一种极端不负责任的态度。一项管理活动，必须通过一定的规范对参加活动的成员有一定的约束，才能有条不紊地进行。这些约束应该通过管理者制定规则来形成，而不是由员工自行决定。

以上三种管理风格都将引起极为恶劣的效果，因此管理者在管理中应该竭力避免或及时改正。

做一个聪明的领导者

管理者必须懂得领导的艺术。对于管理者来说，领导的艺术并不是多么高深的学问，它只是一些朴素道理的综合。这些朴素的道理包括以下四个方面的内容：

一是客观。要调查研究，根据实际情况做决策。懂得领导艺术的管理者一般会十分客观地看待问题，而很少根据自己的主观情感来做决策。

二是全面。懂得领导艺术的管理者往往从全局着眼，局部利益服从整体利益，坚决执行上级的指示，同时也要求员工对自己的决策不折不扣地完成。

三是开拓创新。具有管理气度的管理者敢于根据实际情况突破旧框框、老经验，看准了的事坚决做，看不准的事试着做，有冒险家的精神和企业家的谨慎。

四是细致。懂得领导艺术的管理者所进行的工作是相当耐心细致，这并不代表管理者不能把握大局，管理者对有分歧的员工往往采取比较民主的态度，通过疏导说服的方法来统一认识。

不懂得领导艺术的管理者一般是主观主义比较严重的管理者，他们的主要特征是：

一是主观。这样的管理者往往凭主观意愿、个人感觉、狭隘经验做决断，不调查，不研究，瞎指挥。

二是片面。这样的管理者执行上级的决策时，往往不结合具体情况，照抄照转，搞一刀切，或者把局部的经验，夸大为普遍适用的规律。

三是保守。这样的管理者因循守旧，安于现状，我行我素，墨守成规。

四是粗暴。这样的管理者往往通过强迫命令，以势压人，动不动就训人、骂人，根据自己的好恶来处理问题。

五是追求形式。这样的管理者往往喜欢做表面文章，把工作停留在嘴上和纸上，看起来很有气度，但实际上却是最没有气度的表现。

管理员工必须有管理者的气度

管理者管理员工必须具有统帅气度。没有统帅气度的管理者最容易犯以下方面的毛病：

一是不能把细节组合起来。一个有气度的管理者需要具备组合和控制细节的能力，任何一个成功的管理者都不会因为太忙而无法做一些属于管理者必须做的细微事情。

二是不同意为他人出力。任何真正有气度的管理者都会做他人要求他做的事情，只要这些事情是必须做的。如果其他人依靠了他，那么他的管理决策将会更加有效。有气度的管理者是乐于为员工服务的。

三是只知道说而不知道做。管理者的气度并不是看管理者怎么说，而是看管理者怎么做。同样他人也不会因为管理者说了什么而对管理者有所佩服，只会因为管理者做了什么并推动员工去做而对管理者产生钦佩之情。

四是害怕员工的竞争。如果一个管理者害怕员工中有人想占据他的职位，那么他的担心迟早会成为现实，他一定会被别人取而代之。一个管理者不可能永远在自己的岗位上工作，管理者与其被动地接受离职的事实，倒不如主动地培养接班人，诚心诚意地把他的具体工作委托给这些人去办。一个有气度的管理者能够通过员工对其工作的认识和他的人格魅力,大大提高员工的工作效率,进而获得员工的更多支持。

五是缺乏想象力。有气度的管理者应该有丰富的想象力。如果管理者缺乏想象力,就无法应对紧急情况,也就无法做出有效引导员工的决策。

六是以自我为中心。一个有气度的管理者往往不会将工作推给员工而将荣誉归于自己。因为这样做注定会引起不满。一个有气度的管理者往往不要求得到任何荣誉,如果有荣誉,他会很高兴地将荣誉归于员工。因为他知道员工的工作热情更多地来自受到重用和嘉奖,而不是来自金钱的刺激。

善于通观全局,才是真将才也

优秀的管理者是必须有战略思维的,战略思维又称全局性思维,它是指管理者具有洞察全局、思考全局、谋划全局、指导全局、配合全局的思考能力和工作能力。

作为有气度的管理者,不仅应该像一个高明的战术家一样去完成每一件事,更应该以一个战略家的姿态未卜先知,抢占制高点,在新的变化面前从容不迫。管理者的战略观是指管理者对管理活动全局做分析判断,而后做出筹划和指导。它要求管理者从整体、长远、根本上去观察问题。

对于管理者来说，战略观是建立在以下三个层面上的：

一是全局性。全局是由各个局部有机结合而成的，这种有机的结合所产生的整体大于部分之和。管理者重视全局，从全局出发来思考问题和做出决策是相当有必要的。

二是具有长期性。战略是一个在较长时间内起作用的谋划和对策。正确的战略是根据管理活动发展变化的趋势而制定的，在趋势发生根本逆转之前，不应该随意更改。管理者的战略立足点是现在，而着眼点是未来。

三是具有相对性和层次性。由于全面和局部的划分是相对的，因此局部应该服从全局，低层次的战略应该不违背高层次的战略要求。

有气度的管理者必须高度重视战略问题，树立战略观念，不能只靠管理者的直觉来做出管理的决策，因为这样做往往带有很大的盲目性。对于管理者来说，决策失误往往会造成无法弥补的巨大损失。因此管理者只有通观全局，长远考虑，研究规律，才能成为有气度的管理者。

事必躬亲的管理者不是有气度的管理者，虽然在很多企业中，管理者事必躬亲是普遍现象，但这个现象是很不合理的。管理者应该适当地放权，这样既能让工作更好地完成，又能体现管理者的气度。

做任何决断，都要谨慎地权衡利弊

决断是管理者依据自己的知识、经验，直接对非规范性事件及重大问题所做的决定和判断。管理者需要管理的日常事务往往有比较成熟的规范来处理，因此管理者要做的决断往往是针对非规范性事件和重大问题的。

做一个正确和及时的决断的要求主要有：

一是广泛听取员工的意见，不要武断。决断就其形式来看，是管理者个人的决心。但从决断的内容和过程来看，管理者除了运用自己已有的知识和经验外，还应尽量多听听员工的意见，以弥补自己知识和经验的欠缺，进而使自己所做的决断更加正确。在决断过程中，管理者千万不能主观武断，因为管理者的知识和经验受客观条件制约和主观努力影响，不可能达到无所不通、无所不能的程度。管理者的知识和经验适用范围也是有限度的，但需要做决断的问题又是无限的。因此，这就要求管理者在做决断时，广泛听取员工的意见。

二是顺势决断。管理者在决断时要顺应和利用事物的发展规律。诸葛亮对孟获七擒七纵，使孟获深受教育，感恩戴德。七擒七纵，就是顺应当时的形势，顺应交战双方的心理规律，最后使得孟获俯首称臣，使刘备称雄西蜀，因此顺势决断往往能够取得预期的效果。管理者顺势而断就要求管理者既要对问题发生原因有深入的了解，同时对问题的发展趋势有比较准确的把握。

三是权衡利弊。管理者做任何决断，都要权衡利弊。两利相权取其大，两弊相衡取其轻，做到不以小利害大利，不以小局害大局，不以眼前害长远。管理者在权衡利弊时必须保持清醒的头脑，不能被假象所迷惑。同时还不能以个人好恶做决断，不要好大喜功。对于已有的私心杂念要果断抛弃，不得以个人得失论危害，也不要以个人利益来作为决断的依据。

与人为善，以理服人

在企业中，因为员工和管理者各种方面的差异，彼此之间难以协调一致，因而经常容易造成工作中的冲突。对于管理者来说，必须有处理矛盾的能力和正确处理矛盾的气度，这也是统帅气度的重要方面。在处理矛盾的过程中，管理者必须从团结的角度出发，与人为善，以理服人。

处理矛盾的主要方法有：

一是矛盾不积累，及时解决。解决企业内部的矛盾要及时，不要等问题成堆才着手解决。如果矛盾积累多了，许多问题交织在一起，互相牵制，简单矛盾复杂化，单一矛盾扩大化，解决矛盾的难度就要增大。

企业有了矛盾不能积累，及时解决往往费力小，能收到事半功倍的效果。

二是正视矛盾，不回避矛盾。回避矛盾，不仅不能解决问题，反而会使问题复杂化，后患无穷。真正做到正视矛盾，不回避矛盾，就要拿起批评与自我批评的武器，大胆解决存在的各种矛盾。管理者处理矛盾时，在思想上要克服那种照顾面子，不愿批评，怕伤和气，不敢批评的倾向。在批评的时候，要坚持实事求是，开诚布公，有理有据。

三是单一矛盾不扩大，注意个别解决。企业内部的矛盾一就是一，二就是二。如果是个人之间的事情或者属于一个人的问题，就应该单独解决，对于这类矛盾千万不要扩大范围，管理者应及时做好工作，使矛盾迅速得到解决，不致影响到集体。

四是不要急躁地处理复杂矛盾。企业内部有时候矛盾很复杂。一是因为牵扯的人较多，二是因为各种矛盾交织在一起使得认识上差距拉大，难以统一。针对这种矛盾，管理者要善于等待时机。只有正确把握了时机，才能积极创造条件，抓紧时间，进一步调查分析，采取实际步骤，把复杂矛盾简单化，等待恰当时机，着手解决。

深思熟虑才能处理好矛盾

管理者在处理员工矛盾的时候必须做到深思熟虑。对于管理者来说，处理矛盾时有三个基本原则是必须坚持的：

一是矛盾立足于自己解决。一般的矛盾要通过自身能力来解决，上面插手有时反倒不利于问题解决。当然，有些原则性矛盾或自身难以解决的矛盾，可以适当地求助于上级。立足于自身解决，关键是要增强自身解决问题和矛盾的能力。一个有气度的管理者必须有独立解决矛盾的能力。

二是不要僵持，不要硬解矛盾。管理中有的矛盾处于一种僵持状态，按照常规的方法，做一两次调解，难以奏效，甚至有激化的趋势，成为棘手的难题。这时管理者就应该寻找第三条通道，采取迂回的方法去解决。对于管理者来说，既要把握解决矛盾的目标，又要坦诚相见，分析原因，抓住关键，选好突破口，将矛盾迅速解决。

三是沉着冷静。管理者要尽量做到对所决断的事情有透彻的了解，把利弊得失都考虑清楚详尽，然后再做决断。深思熟虑的根本标志就是看是否抓住了问题的根本，是否掌握了事物的本质和规律。如果员工发生严重过失，心里十分恐慌，管理者就要对问题进行冷处理，以免事态扩大或改变问题性质。管理者决断最关键的因素就是掌握决断的时机，必须等待时机成熟再做决断。管理者决断的根本目的是为了把事情办得更好。缓慢处理问题能够给管理者留有充分考虑的时间，在这样的情况下，管理者就可以把问题想得更细致、更周到些，避免某些失误，以便问题处理得更圆满。管理者处理问题时一定要冷静，要考虑周密，不要急躁，不要盲目蛮干。人一旦处在激情状态下，思维的容量就会变窄，思维的深度就不够了。因此，必须要学会沉着冷静。

要在适当的时候做适当的事情

机会对一个决断者来说十分重要。机不可失，时不再来，管理者的聪明不在于懂得灵活处理问题，而在于按照具体情况，善于及时地对问题进行处理。要学会善择时机是不容易的，它需要管理者勤于考察和思索。

管理者可以通过慎重待机来训练选择时机的能力。管理者要决断某个问题时，要认真研究这个问题的各个要素，在诸多要素中把握主要矛盾，再在影响主要矛盾的各个方面把握住矛盾的主要方面。在掌握了这些情况以后，最关键的还是要看解决这个问题的主客观条件是否具备。如果条件不具备，管理者一定要慎重从事，不要匆忙决断，可以等到解决主要矛盾和主要矛盾方面的条件成熟时再予以解决。

管理者也可以通过当机立断来训练选择时机的能力。条件已经成熟或基本成熟，或者在等待时机的过程中出现了良好的时机，管理者就要毫不犹豫地下定决心，做出果断处置。如果错失良机，管理者往往会把事情搞得更难处理。

管理者还可以通过随机应变来训练选择时机的能力。需要决断的事情，其主客观条件总是在发展变化的；已经决断了的事情，也可能在执行过程中情况发生重大变化。在这种时刻，管理者要能随着时机和情况的变化而变化，做出比较符合实际的处理。

精准
管理

第四章

与员工一起成长和进步

大成功靠团队，小成功靠个人。

——比尔·盖茨

教导下属做好自我认识

在智慧女神雅典娜的神庙上刻着唯一一句话：认识你自己。千百年来，这句话一直是世人所推崇的最伟大的建议之一。

俗话说：知己知彼，百战不殆。只有当一个人认识自己之后，他才能客观地评价和正确地对待自己的优点和缺点，他才能知道自己行为上的不足之处以及情感上的缺陷，也才能有针对性地寻找一些方法来弥补这些不足——取人之长，避己之短。认识自己，使自己能够从失败中总结教训，将使自己不断成长。

对于管理者来说，必须学会认识自己，同时还要教会员工正确认识自己的地位和能力。管理者和员工都必须充分地认识自己的能力和不足，这样才能够在工作中正确地评估自己所掌握的资源。有这么一个故事：

有一头鹿来到池塘边喝水。它对着水中自己的影子，欣赏它那对美丽的角，当它看到那四条纤细的腿时却不禁皱了眉头。鹿正在池塘边顾影自怜的时候，有一头狮子偷偷地来到池塘边，伏下身子就要向它猛扑过来。鹿撒腿就跑，它用了最快的速度，加上前面平坦开阔，轻易地就和狮子拉开了一段长长的距离。但是进入林中之后，它头上的角被树枝挂住了，于是狮子迅速赶上来逮住了它。临死前，鹿后悔地说："我真是瞎了眼了！我小看了能救我脱险的腿，却去赞扬那让我送命的角。"

其实，在管理中，很多人都将自己的不足当成了能力，贻笑大方。

为员工描绘正确的蓝图

有一个人死后升上天堂，圣彼得在天堂的门口迎接他，并带他到处参观。走到天堂的车房，那人看见停泊着的车辆中，有很多架日本制造的小房车，而只有寥寥可数的几部劳斯莱斯大房车。这位天堂最新的公民感到有点奇怪：为什么只有这几部名贵汽车。圣彼得摊开双手无可奈何地说："我们也没有办法，下面的人祈祷的时候，绝大多数要求天主赐给他们日本房车，只有很少数的人敢要求拥有劳斯莱斯，所以也就只有着很少的人拥有劳斯莱斯了。"

这个故事的寓意是说大部分人都小觑自己的能力，自限本身的发展，有小小的成就马上抓紧它，以为自己已经到达巅峰状态，于是不肯再冒险，坚决不再向上爬，结果白白浪费了自己的潜能，错过了无数向前推进的机会。

管理者要充分发挥自己的潜能，同时也要发挥管理队伍成员的才能。要发挥潜能首先要认识自己拥有的潜能，然后才能充分发挥出来，做到人尽其才。人的能力就如一座冰山，已经发挥出来的部分是浮在水面上的那部分，还没有发挥出来的部分是隐藏在水下面的部分。正如台湾"塑料大王"王永庆说的："人的潜能是无穷无尽的，赋予一个人没有挑战性的工作，就是害他，他的一生就完了。"

对于管理者来说，要通过不断地强化管理队伍成员的责任感，让他们愿意为学习和工作上创造的成果负责任。在激发员工潜能的过程中，管理者要注意推动员工评估自己的强弱项，对自己个人成长做出百分之百的承诺及肯定，同时也需要让员工认清对他们来说最重要的是什么，描绘一个宏图，其中包括他们的价值、原则及目标，将之运用于实际工作当中。

将知识学习进行到底

现代社会，企业获取竞争优势的主要途径将是知识，而不是传统意义上的金融资本或者自然资源。企业的知识将成为和人力、资金等并列的资源，并且成为企业最重要的资源。对于管理者来说，知识同样重要，如何利用所拥有的知识、以多快的速度获取新知识成为了管理者对管理队伍进行管理的关键。

知识管理是企业的集体对知识的掌握，然后将所掌握的知识运用到企业实践中去，以实现企业最大产出的过程。知识管理是知识经济时代的必然要求，也是对众多管理者提出的必然要求：

首先，企业的管理者必须拥有丰富的知识和完整的知识结构。作为现代的企业管理者，在变化日益加快的市场环境中，如果没有掌握丰富的知识，就等于没有应变能力，就必然会在经营中遭受挫折，甚至惨败。

其次，管理者必须有学习知识的能力。管理者应该有能力从部门外部和内部搜索对管理的现在和未来发展有用的各种知识，这是一个管理者必备的能力。

最后，管理者必须有利用外界知识的能力。运用知识的人不一定是知识的拥有者，这是知识管理中一个重要的特点。刘备天文、地理每一样都不如诸葛亮，但刘备有领导才能，有王者风范，诸葛亮为其鞠躬尽瘁，死而后已。管理者进行知识管理还应该有利用外界知识的能力。既要学会利用企业内部的知识，同时也应该学会借助外力。如何利用外界知识本身也就成为了一种知识。因此，对于管理者来说，拥有知识是必须的，拥有完整的知识结构也是必须的，但同时也应该学习如何寻找知识和利用他人的知识来为自己服务。

记住：山外有山，天外有天

曾经有位管理者十分优秀，企业办得相当红火，有人向他取经。他说他所有的成功经验只在两个故事：

第一个是关于河伯的故事，秋天来到，天降大雨，无数细小的水流汇入黄河。河伯以为天下的水都汇集到他这里来了，不由得扬扬得意。

他随着流水向东走去，一边走一边观赏水景。有一天，他来到北海，向东一望，不由得大吃一惊，但见水天相连，根本就不知道哪里是水的尽头。河伯不禁慨叹道："我最看不起那种道理懂得多一点，便以为自己比谁都强的人。没有想到，我居然就是这样的人。"

第二个是关于井底之蛙的故事，一口废井里住着一只青蛙。有一天，青蛙在井边碰上了一只从海里来的大龟。青蛙就对海龟夸口说："你看我住的地方多宽敞、多舒服，想做什么就做什么。"那海龟听了青蛙的话，还真想进去看看。但它的左脚还没有整个伸进去，右脚就已经绊住了。它连忙后退了两步，向青蛙解释道："我住的地方叫大海。海的广大，哪止千里；海的深度，哪止千丈。古时候，十年有九年大水，海里的水，一点都没有涨；后来，八年里有七年大旱，海里的水也一点没有减，住在那样的大地方，才叫宽敞呢！"井蛙无话可说。

听者觉得没有任何新意，这位优秀的管理者告诉他说："管理企业本身就是没有多少新意的事情，所有的工作都是在维持一种秩序。但是有一点你必须牢牢记住，这就是你和你的员工任何时刻都不能自满，因为一旦你或者你的员工自满了，你的企业经营将难以维系。河伯的故事让我明白自己是多么渺小，井底之蛙的故事让我明白世界有多大。有了这两个故事，我自然能够督促自己和员工一起努力，企业经营自然能够成功。"

不要自满于一鳞半爪的东西

历史上有过这么一个人：

他出身贫寒，却靠自学成为了当时最有学问的人。

他一生没有任何著作，可是他的思想却流传了下来，而且影响深远。

他一生过着艰苦的生活，对生活不太讲究，只是专心地做他的学问。

他倡导认识做人的道理，过有道德的生活，在伦理道德研究方面建树颇多。

他教学有方，从来不教给学生现成的答案，而是通过反问或者反驳的形式，不断地启发学生的思考。

他主张专家治国论，主张由训练有素、有知识、有才干的人来治理国家。

他不畏强权，反对专制，坚决不违背自己的信仰。

他最后是被民主判决处死的，但不是因为他的思想太落后、太保守，而是因为他的思想太先进，对社会教化意义太大，民众无法理解。

最难能可贵的是：古希腊德尔斐神庙的女祭司传下神谕说，他是最有智慧的人，但他自始至终都认为自己一无所知。

这个人就是苏格拉底。他是当时世界上最有智慧的人，可是他始终认为自己是一无所知的。

对于管理者来说，这个故事的教化意义很大。管理者不管拥有多少知识和智慧都千万不要自满。经营企业和管理员工是动态的过程，这个过程要求管理者不断地补充自己的知识，不要自满于自己所知道的一鳞半爪。

集中精力，勤学苦练

有一次，孔子前往楚国，路过一片树林，看到一个驼背老人，手里正拿着一根长长的竹竿粘知了。老人的技术非常娴熟，只要是他想粘的知了，没有一个能逃脱的，就好像信手拈来一样容易。

孔子惊奇地说："您的技术这么巧妙，大概有什么方法吧！"

驼背老人解释道："我的确是有方法的。夏季五六月粘知了的时候，如果能够在竹竿的顶上放两枚球而不让球掉下来，粘的时候知了就很少能够逃脱；如果放三枚不掉下来，十只知了就只能逃脱一只；如果放五枚不掉下来，粘知了就像用手拾东西那么容易了。你看我站在这里，就如木桩一样稳稳当当；我举起手臂，就跟枯树枝一样纹丝不动；尽管身边天地广阔无边，世间万物五光十色，而我的眼里只有知了的翅膀。外界的什么东西都不能分散我的注意力，都影响不了我对知了翅膀的关注，怎么会粘不到知了呢？"

孔子听了，回头对自己的弟子说："专心致志，本领就可以练到出神入化的地步。这就是驼背老人所说的道理。"

很多管理者在管理企业的时候都平庸了下去，主要原因在于他个人无法排除外界噪声的干扰，老是插手于一些琐碎的小事，而不能够集中精力对企业的经营做战略思考，最后只能沦为平庸的人。一个管理者只有排除外界的一切干扰，集中精力，勤学苦练，才能够真正掌握管理的诀窍。

在管理员工的时候，管理者必须坚持自己的原则，不能够为了一些琐碎的人情而改变自己的原则和立场，这些琐碎的人情就是管理者必须排除的外界干扰。同时管理者不要在一些小事情上过分责难自己的员工，小事情也是干扰，它让管理者不能专心致志地思考战略，为企业的发展出谋划策。

有的时候，逆境能激发你的潜能

如果管理者在管理的时候发现自己身处逆境，那么在逆境中最能做而且最应该做的就是奋发。

曾经有一位动物学家，他在对生活在非洲奥兰治河两岸的羚羊群进行研究时发现，东岸羚羊群的繁殖能力比西岸的强，奔跑速度每分钟也比西岸的快 13 米。让人奇怪的是，这些羚羊的生存环境和属类都是相同的，饲料来源也一样，全以莺萝为主。最后他终于发现，东岸的羚羊之所以能够如此强壮，是因为在东岸有一个狼窝，有了这样一批天敌，东岸的羚羊自然变得日益强壮起来。

有些时候，逆境是生存的动力，它能最大限度地激发一个人的潜能。

管理者处在各种环境当中，尤其是遇到困难、挫折，处于逆境之中时，往往容易因心情抑郁、烦乱而影响工作。此时便应自我安抚，从好的方面去设想。正是：处顺境则退一步想；处逆境则进一步想。管理者在困难的时候，要看到成绩、看到光明、提高勇气，要坚信事情会有转机，山重水复疑无路，柳暗花明又一村。管理者如果受到诬蔑、诽谤、冤枉、委屈，最好不要动怒，因为动怒会伤肝，而且还会让人在不冷静的情况下说错话、办错事，从而造成无可挽回的影响。管理者如果实在对什么事情无法忍受，应该先克制三分钟，然后想一想该怎么样解决，千万不能让情绪左右了自己的行为。管理者如果受到委屈和诽谤，一定要思想超脱，要以平静的心情去说明情况，据理力争。如果说话不力，一时不能解决问题，管理者也应该能够持重，而不必希图别人更多的同情。真正的强者是不需要同情的。有些时候沉默往往是解决问题的办法，尤其是有人搬弄是非时，管理者要有稳坐钓鱼台之气度，自信、心胸坦荡，便可气定神闲。

学会宽容，提高心商

中远集团高级名誉顾问李嘉诚先生提出了人生成功的三个 Q 的论述，即智商、情商和心商要兼备。李嘉诚先生所说的心商就是指保持一个人心理健康的能力。随着外界环境的变化，人们要适时适当地调整心理压力，以保证良好的心理状态。心商不是生来就不变的，它可能会降低，那些走上绝路的人就是心商急剧降低，跌破极限的悲剧性结果，同时心商也是可以逐步得到改善和提升的。

处于逆境的管理者，要特别注意涵养，要学会宽容，这样才能够培养自己的心商。宽容，就是要有宽广的胸怀和气量，容得下别人的缺点和过失。宽容的同时还必须自制，所谓自制就是在必要时严格控制自己的言行，避免矛盾激化。宽容自制是一种很高的素养，宽容自制水平越高，就越能与人搞好关系而不会激化矛盾。相反，一个心胸狭窄、不肯做任何谅解的管理者，一个对他人的批评和意见动辄恼怒的管理者，所面临的必将是重重矛盾。管理者要培养宽容、谦和、忍让的宽阔胸襟，以大局为重，从维护企业整体团结的良好愿望出发，处理好各种矛盾和问题。

提高心商的途径是多种多样的。对于管理者来说，在逆境中必须树立明确的目标，明确实现目标的步骤和方法，明确实现目标所需要具备的各种人力、物力和财力，并使它们发挥应有的作用；要制订每天的行动计划，认真地完成每天的工作，最后一步步走向成功的顶峰。需要提高心商的人，最需要经常剖析自己，处于逆境的管理者要挖掘自己的心灵深处，通过检查自己的思想，清除不健康的心灵污垢，发现有价值的地方。就是这一点的价值，也终将成为管理者继续前进的动力，以保持乐观的人生态度。

不要让飞翔的翅膀系上黄金

管理者处在逆境往往能够奋起，进而创造奇迹。而一旦处于顺境，情况就大大不同了。

唐代诗人杜荀鹤的《泾流》诗中写道："泾流石险人兢慎，终岁不闻倾覆人。却是平流无石处，时时闻说有沉沦。"意思是说人们在行船时，如果有湍急的流水，险隐的暗礁，掌舵人总会小心翼翼，英勇顽强地与困难做斗争，因此越是艰险，越会谨慎，越会平安。然而一旦到了风平浪静的时候，人们往往忘却了艰难险阻，满以为"那么危险的地方都能过去，这个地方就没有什么可担心的"，结果船常常被暗礁撞翻。

人生就像航海。管理者无论遇到多大的不幸，依然能矗立在暴风骤雨中，而决不向困难低头。在这个时候，他们心中的念头就是黎明前是最黑暗的时候，黎明终将到来，这样反而使管理者少受很多挫折，能够在困境中取得奇迹。这样的管理者是值得钦佩的。然而当真正处于顺境的时候，很多管理者的行为就欠谨慎了，他们沉醉于过去的胜利中，自高自大，得意忘形，锐气日渐衰退，不再求上进，原有的实力便消退了。在鲜花和掌声的簇拥下，他们被表象所迷惑，无暇瞻前顾后，忘却了在他们的生活中已经很少有值得留恋与自满的东西，根本就没有预料有怎样的不幸与灾难会突然降临。这个世界是个矛盾的世界，客观事物的矛盾无处不在，旧的矛盾刚刚解决，新的矛盾又将孕育而生。成功终将转瞬即逝，一个小成功如果不能继续为管理者的下一个目标服务的话，这种成功就不是真正意义上的成功。

鸟的翅膀系上黄金，鸟就再也不能在天空中翱翔。对于处于顺境的管理者来说，要想不断取得进步，就必须摆脱已有成功对自己思想、意志的束缚与消磨，永葆积极进取的心态。

时时做一下"失业"的假设

处于顺境的管理者忧患意识往往比较差，他们在顺境中表现往往为：

一是自以为是。这样的管理者因为在他走过的道路中，一切都比较顺利，他的行为从来没有受到过挑战，于是他们往往把错误的东西当成正确的东西来对待，根本就听不进员工善意的劝告，总是认为自己无所不能，总是以为自己的想法是正确的。

二是目中无人。处于顺境的管理者容易比处于逆境的管理者或者员工有更多的优越感。有些大学毕业的同学分到一个公司后，其中某个人参加工作后几年一个台阶，从普通员工一直升到管理者，这对那些干了十几年还是个普通员工的同学来说，差距实在太大。这个管理者往往自以为了不起，认为自己的能力特别强，尤其是和自己的老同学比较起来，更显优越感。

三是难以自律。在人生路上没有受过多大挫折、没有经过多大打击而顺利地从事管理活动的管理者想到的可能是获得更多的权力和利益。为了获得权力，管理者有些时候根本就不注意考虑道德因素，不正当的做，不合法的也做，直到终于遭到重大挫折时才追悔莫及。

以上这些行为同时都是忧患意识差的表现。人无远虑，必有近忧。处于顺境中的管理者肯定懂得这个道理，但是往往因为自己得到的一切太容易了，自己所处的环境太优越了，陶醉在今天的环境之中不能自拔，总认为自己无所不能，总认为这样的环境能够永远延续下去。他们很难体验到身处逆境的人所体验到的那种艰难感，不会做太多的"假如明天我失业了"的假设，当然更不会为这些假设做提前的准备。管理者应该葆有忧患意识，这样整个企业才会有忧患意识。

奉承你是害你，指教你是爱你

"亲贤臣，远小人，此先汉所以兴隆也；亲小人，远贤臣，此后汉所以倾颓也。"诸葛亮在《出师表》中已经明确说明了事业的兴败和小人存在着莫大的关系。小人最突出的特点就是特别能够奉承人。

处于顺境的管理者往往因为在事业上一直很顺利，所以有比较强的虚荣心。他们往往不喜欢别人指出自己身上的缺点和不足，而希望别人能够奉承自己。而管理队伍中必定有这样的成员迎合管理者的喜好，尽拣着好听的说，慢慢地使得这个管理者听不进和自己心思相反的话，最终在奉承中迷失了方向。

以下是一些对喜欢受到奉承的管理者的警示：

阿谀比仇恨更危险；

阿谀这东西，虽然没有牙齿，可是骨头也会给它啃掉；

阿谀是一种伪币，它只有通过虚荣心才能流通；

狗和狗都恭维对方是狮子；

阿谀奉承等于半个辱骂；

歌功颂德的香火会熏黑偶像；

奉承的话比杀人的手还狠；

不要过于相信那些经常给你送礼的人；

对那些专门给你唱颂歌的人，要特别警惕；

喜欢当面夸奖别人的人，也喜欢背后挖苦别人；

捧你的人是害你的人；

公鸡陶醉的时候，正是兀鹰进攻的时机；

奉承你是害你，指教你是爱你；

乐于受别人恭维的人，也就是善于谄媚的人；

人在甜言上易栽跟斗，马在软地上易打前失。

小心碰上航行中的暗礁

项羽的故事已经是家喻户晓了，但在这里仍然有提出的必要，因为这个故事对于管理者来说有很大的教化意义。

西楚霸王项羽是中国历史上著名的军事家，曾经领导秦末农民起义。公元前 208 年，秦军 30 万大军围困巨鹿，项羽仅率数万士兵北上救援。项羽遇到了前所未有的困境，但他毫不畏惧，毅然命令士兵砸破锅灶、凿沉船只，只带三天的口粮，誓与秦军决一死战。结果项羽军九战九捷，大败秦军。但后来，项羽得意忘形，骄傲自大，听不进谋士的意见，没有在鸿门宴诛杀刘邦，而且在楚汉相争时，过分地享受安逸的生活，不务军事，纵兵烧杀抢掠，渐失民心。项羽刚愎自用，根本不把刘邦所造成的威胁放在眼中，结果到公元前 202 年，在垓下被围。最后因无颜见江东父老，悔恨之余，在乌江挥剑自尽。

逆境固然是考验一个人是否能够成为一个成功人士的关键，很多人就是在逆境中奋勇拼搏、功成名就的，因为逆境很容易激发一个人潜在的能力，从而最终使其战胜困难，取得胜利。但是顺境的安逸与放松却往往使一个成功者萎靡，使他过分地享受顺境所带来的安逸生活，而逐步放松对外界的警惕，最后走向失败。因此，如果把逆境比作航海中迎面扑来的巨浪的话，那么顺境则是一片布满暗礁的险滩。

对于管理者来说，在逆境中求得生存并不是一件很困难的事情，但是在顺境中求得生存和发展往往就更不容易了。管理者进行管理的过程中不仅需要有逆境奋发的毅力，而且需要有顺境自励的魄力。

厚积才能薄发

管理者要注意积累知识，通过积累知识才能够适应管理的需要，才能够更好地管理员工。有些管理者借口自己天资不高，不学习知识，殊不知，学习到知识并不需要过高的天资，而需要坚持不懈的努力和不断的积累。

曾国藩是中国历史上最有影响的人物之一，然而他小时候的天赋不高。有一天在家读书，对一篇文章不知道重复读了多少遍，还是没有背下来。这时候他家来了一个贼，正潜伏在他的屋檐下，希望等到这个读书人睡觉之后捞点好处。可是等啊等，就是不见他睡觉，只是翻来覆去地读那篇文章。于是那个贼大怒，跳出来说："像你这种水平读什么书啊？"然后将那文章背诵一遍，扬长而去！这个贼是很聪明，至少比曾国藩要聪明得多，但他却只能成为贼。

任何说自己天资不高的管理者都只不过是为自己的不想学习找个借口。在企业中管理者要想管理好员工，必须不断地学习知识，用知识来武装自己的头脑，这样才能够将整个管理顺畅地进行下去。

知识的积累对于每一个管理者来说都是必须的。如今的管理者需要面对的环境变数实在太大，如果管理者没有积累丰富的知识，就无法保证自己能在变数巨大的环境中应对自如。

认可下属的梦想

有三个关于成功的故事是值得所有管理者学习的，同样也值得所有管理者将这些故事告诉给他们的员工，来激励员工的成功意识。

第一个是关于梦想的故事，雷·克洛克是一个推销商，几十年来他推销了很多产品，但很不幸，都不怎么成功。但他从来就没有放弃过成为亿万富翁的梦想。54岁那年，他还在推销纸杯和奶昔机。就在1955年，他发现了一个经营很好的快餐店，立即被这个快餐店给吸引住了。他后半生都经营着这家快餐店——麦当劳，最终成为了亿万富翁。

第二个是关于生存状态的故事，有一个人看见一只没有腿的狐狸，它生活得非常的好，他很惊讶，但很快就发现狐狸是靠动物死尸的碎肉来养活自己的，因为总有动物在他面前被狮子吃掉。于是这个人从此什么事情都不做，专心地等着真主给他安排食物。过了几天，他一粒米都没有等到。就在他饿得就要受不住的时候，有一个声音传来："人应该像雄狮一样有余食给别人吃，为什么要像狐狸一样仰仗别人，食人余食呢？"

第三个是关于理想的故事，远古的时候，有一种叫作鹏的鸟。有一次，大鹏鸟向南海飞去。它在南海海面上用翅膀击水而行，扇一下就是三千里。它向高空飞去，卷起一股暴风，一下子就飞出九万里。它飞出去一次，要过半年才飞回南海休息。当它飞向高空的时候，它的背靠着青天，而云层却在它的下边。生活在洼地里的小麻雀对大鹏鸟很不理解，它们总想不明白这只鸟究竟想飞到什么地方。

管理者首先应该让自己的员工产生梦想，然后让他们审视自己的生存状态，最后确定他们的梦想，并为梦想而奋斗终生。

在心中设立一个坚定不移的信念

成功的管理者必须有成功的意识，并且教导员工自我培养成功的意识。成功的意识体现在两个方面：

第一个方面是要自己掌握自己的命运。某人在屋檐下躲雨，看见一个和尚正撑伞走过来，于是说："大师，普度一下众生吧，带我一段如何？"和尚说："我在雨里，你在檐下，而檐下无雨，你不需要我度。"这人立刻跳出檐下，站在雨中说道："现在我也在雨中了，该度我了吧？"和尚说："我也在雨中，你也在雨中，我不被淋，因为有伞；而你被淋，因为无伞。所以不是我度自己，而是伞度我。你要不被雨淋，不必找我，请去找伞！"说完便走了。管理者要教导员工不要把自己的命运交给任何人来把握，自己的命运只能自己主宰。

第二个方面是永远保持积极的心态。雨后，一只蜘蛛艰难地向墙上爬去，由于墙壁潮湿，它爬到一定的高度，就会掉下来，它一次次地向上爬，又一次次地掉下来……第一个人看到了，他说："这只蜘蛛真愚蠢，它从旁边干燥的地方绕一下就能爬上去，我以后可不能像它那样愚蠢。"于是他变得聪明起来；第二个人看到了，他立刻被蜘蛛屡败屡战的精神感动，于是他变得坚强起来；第三个人看到了，深深地叹了一口气，自言自语："我的一生不正如这只蜘蛛吗，忙忙碌碌而无所得。"于是他日渐消沉。很多时候，你想自己成为怎样的人，你就能成为怎样的人，因此管理者必须永远保持积极的心态。

如同任何一位获得成功的人，成功的管理者必然在心中存着一个坚定不移的信念，这种信念让他克服横挡在前面的障碍、困难，这个信念让他胜过其他对手。对于做管理的人来说，挫折是管理人员最忠实的朋友，如何使自己不像其他人那样因为遭到拒绝而改变目标，取决于你对挫折的态度。

不要忽视对企业的情感投入

从前在美国标准石油公司里，有一位叫阿基勃特的小职员。他在远行住旅馆的时候，总是在自己签名的下方，写上"每桶4美元的标准石油"字样，同时在书信及收据上也不例外。只要签名，他就一定写上那几个字。就这样，日复一日，年复一年，他开始被同事戏称为"每桶4美元"，相反他的真名倒没有人叫起。公司老板洛克菲勒知道这件事后大吃一惊：竟有职员如此努力宣扬公司的声誉，我一定要见一见他。于是盛情邀请阿基勃特共进晚餐。后来洛克菲勒卸任，阿基勃特就成了董事长。

作为管理者，哪怕你是在为团队做很微不足道的事情，你也会得到拥护，因为你为团队着想的精神是值得肯定的。管理者要教导自己的员工，对企业产生真正的感情，不要忽视对企业的情感投入。当你对企业倾注了所有感情的时候，你会发现自己处于一种积极的生存状态，这种生存状态保证了你更加积极地为企业谋求利益，最后取得最丰厚的回报。

并不是说每一个如阿基勃特一般为企业着想的人都能成功，但是只有真心诚意地为企业着想的人才会竭尽全力、充分发挥自己的潜能，为企业的生存和发展谋求福利，也只有企业生存和发展有重大突破时，管理者才能获得最大的利益。

建立一种公平的奖励机制

现在提倡精神奖励比较多，但在任何时候，管理者都不要忽视物质奖励，物质奖励是所有奖励的基础。管理者要激励员工就必须适时地对员工进行物质奖励。

首先应该对完成了既定目标的员工进行奖励。

马戏团里的海豚每完成一个动作，就会获得一份自己喜欢的食物。这是训兽员训练动物的诀窍所在。人也一样，如果员工完成某个目标而受到奖励，他在今后就会更加努力地重复这种行为。这种做法叫行为强化。对于一名长期迟到 30 分钟以上的员工，如果这次他只迟到 20 分钟，管理者就应当对此进行鼓励，以强化他的进步行为。优秀的管理者应当想办法增加奖励的透明度，比如把员工每月的工资、资金等张榜公布；或者对受嘉奖的员工进行公示。这样往往能够激励员工。

其次要针对不同的员工进行不同的奖励。

人的需求包括生理需求、安全需求、社会需求、新生需求和自我实现需求等若干层次。当一种需求得到满足之后，员工就会转向其他需求。每个员工的需求各不相同，对某个人有效的奖励措施可能对其他人就没有效果，所以管理者应当针对员工的差异对他们进行个别化的奖励。比如，有的员工可能希望得到更高的工资，另一些人也许并不在乎工资而希望得到纪念品之类的奖励，因此管理者必须首先弄清楚员工到底需要什么物质奖励。

最后是奖励机制一定要公平。

员工不是在真空中进行工作，他们总是在不断地进行比较。不公平会让他们丧失工作的信心和积极性。因此，管理者在设计薪酬体系的时候，员工的经验、能力、努力程度等应当获得公平的评价。只有公平的奖励机制才能激发员工的工作热情。

救灾式激励

人们在处理灾难时，其速度会比想象的快两倍；一般而言，任何人在处理震灾、水灾、火灾等天灾地变时，其所发挥出来的能力都是非常人所能想象的。公司的管理者可利用这种灾难似的情况来激发员工的潜能，其主要实施要点有：

一是目标明晰。在员工心目中，欲达成的目标完全明确清楚；他们对必须完成的任务，内心没有疑问。管理者首先要认清的就是，要确立起不会令员工起疑的工作目标。

二是规章与政策。为了便于行动，官僚式的推脱作风必须排除，而且许多正常作业下的政策或手续也必须暂时搁置一旁；任何足以妨碍到工作执行的规章与政策都必须暂时除掉。换句话说，管理者必须认请，要使员工发挥他们的潜能，一定要给予他们较多决策的自由权，不要以一般的规章与政策来束缚他们。

三是个人责任。让员工知悉努力的方针，目的是激发起员工个人责任的意识，希冀他们体会到每个人的贡献都是有意义的且是特殊的。如果管理者无法激发起员工的个人责任，员工将会丧失热忱。

四是紧急意识。要让每个员工都意识到该项任务一定要在一定时间内完成，绝对不能拖延；那就是说管理者要给予员工一种事情必须"现在"办完的感觉，如此可以激起员工高昂的士气。

五是受到注意。管理者必须能让接受任务的员工有种受到别人注意的感觉，使得他们觉得如此做是很有价值的，而且对别人也是有用的。

经营地位式激励

如果管理者本身就是公司的经营者，他为了要确保公司发展，纵然是在恶劣的工作环境下，缺乏福利措施，仍然会挺着腰杆去完成任务。所以，激励员工的诀窍中，管理者务必要使员工感觉他就是经营者本人，如此，员工才会贡献出他全部的才能和时间。要使员工觉得自己就是经营者，必须做到以下四点措施：

一是争取高薪的潜能。管理者必须能使员工一直维持着争取高薪酬的动机，那就是说，即使员工目前已经获得很高的薪酬，管理者也必须使他们晓得，只要他们继续发挥更高的工作效率，仍然能够继续获得更高的薪酬。

二是独立地位。小店的老板拥有绝对的独立地位，也就是他对于何时做事、到何处做事以及如何做事具有绝对的自由；管理者如果要使员工获得独立的地位，就必须在公司的规章、细则和标准的范围内，允许员工按自己的意愿来决定何时做事、到何处做事以及如何做事。

三是成就感。要让员工有经营者的感觉，管理者必须能随时让员工知道公司的业绩和成就，使他们产生与管理者"同舟共济"的成就感。

四是所有感。要使员工内心存在"公司是我的业务"的感觉。管理者如果要做到这一点，必须拆除一切与员工有隔阂的有形物，比如最好是和员工穿戴同样的公司制服等。

适度和巧妙地表扬员工

表扬作为一种激励方法，在企业人才的管理中具有重要的作用，也是优秀管理者在企业管理工作中经常运用的御人方法。但并不是每一个管理者都会表扬，有些管理者的性格本身就很冷漠，因此他对员工的优点视而不见。对于管理者来说，善不善于表扬不仅仅是管理风格的问题，而且更多的是性格问题。

适度和巧妙的表扬，能够激发员工的工作积极性、主动性，使其日常工作中的良好行为得到巩固并发展，促使员工向好的方面转化。同时它还能激励所有的员工模仿这种行为，营造企业的良好风气。在企业中，管理者提倡的东西往往成为员工学习的榜样，能够起到带头示范作用。同时，员工对管理者的行为极为敏感，他们往往十分看重管理者对自己工作的关注与肯定。如果管理者注意他们的长处，并及时地向他们提出真诚和切实的表扬，他们往往能够对工作产生高度的责任感和自信心，同时会更加尊重和信任管理者，进而改善管理关系，提高管理工作效率，为企业获取丰厚的利益。

在表扬中必须注意表扬方法。表扬的方法很多，最主要的有直接表扬和间接表扬两种。直接表扬也叫当面表扬。管理者在和员工见面的时候，对他的成绩和进步当面称赞几句，就能起到很好的激励作用；在日常工作的会议中，对员工进行表扬往往能够更好地起到示范作用。间接表扬法是指表扬对象不在场的表扬，即进行背后表扬。间接表扬，无论是在会议上或个别场合大都能传达到被表扬者。这除了能起到直接表扬的激励作用外，还能使被表扬者觉得管理者对他的表扬完全是真诚的，是实事求是的，因而更能激发被表扬者的工作热情。

教养是管理者最好的名片

管理者要进行企业管理，必须从培养自己的教养和素质开始。在现代企业中，一个有教养的管理者应具备以下的特征：

一是守时。无论是开会、赴约，有教养的管理者从不迟到。因为他们懂得，即使是无意迟到，对其他准时到场的人来说，也是一种不尊重。管理者必须是个诚实守信的人，在管理中就一定要遵守时间约定，因为时间约定就是承诺，能否遵守时间约定也是管理者是否守信用的表现。

二是谈吐有节。有教养的管理者向来不轻易打断别人的谈话，总是先听完对方的发言，然后再去补充或者反驳对方的看法。谈吐有节的管理者向来不以自己说话的多少来求得内心的平衡，只要达到目的，自己说话多少又有什么关系呢？

三是态度和蔼。在同别人谈话的时候，有教养的管理者总能望着对方的眼睛，保持注意力的高度集中；而不是翻东西、看书报，心不在焉，显得一副无所谓的样子。管理者必须注意他人的感受，要让他人感受到自己在认真倾听。

四是语气中肯。管理者总是竭力避免高声喧哗。在待人接物上，心平气和，以理服人。有教养的管理者对人和事都比较谨慎，向来不会轻易动怒，也不会感情过多地外露。

五是注意交谈技巧。有教养的管理者尊重他人的观点和看法，即使自己不能接受或明确同意，也不会当着他人的面指责对方，而是慢慢地陈述自己的观点和看法。

六是不自傲。有教养的管理者在与人交往相处时，从不强调个人特殊的一面，也不会有意表现自己的优越感。

七是遵守信用。有教养的管理者是信守诺言的，即使遇到困难也从不食言。有教养的管理者说出来的话，都竭尽全力去完成，身体力行对于他们来说是最好的诺言。

抓住对方的心理

对于管理者来说，要想获得良好的人际关系，抓住对方的心理是相当重要的。

抓住对方心理是和别人交往、说服别人的重要途径。交往之难不在于见多识广或表达之难，而在于看透对方的内心，并在此基础上巧妙地表现自己。人的心理十分微妙，即使同样的一句话也会因对方的情绪变化而得到不同的理解。读懂对方的内心才能控制其情绪的变化。

沉默的员工就是一扇关闭的门，如果管理者在交往中稍有不慎，那么对方就永远不会向你打开心扉。怎样才能使沉默寡言的人向管理者敞开心怀呢？首先应该进入对方的内心世界，引发其产生心理动摇。只要管理者抓住了沉默员工的心理，员工就很容易向管理者敞开心扉。

管理者可以使员工感觉到自己十分同情他的处境。如果员工因为遭遇挫折而不言不语，管理者不妨表示同情，可以用一种很宽慰的语气对员工说："如果我处在同样的环境，遇到同样的事情，肯定也会失败。"这样员工就不再担心管理者会严厉地批评他，进而也愿意和管理者展开交谈。

管理者不能老是等上级的指示，在妥善处理了自己分内的工作以后，要主动地为上级分担工作。管理者不能看到上级仍在忙碌而无动于衷，这种事不关己、高高挂起的心理和行为是不利于管理的。

管理者即使遇到了与自己没有任何关系的事，只要具备一定契机和理由，也应该像对待自己的事一样做出积极的姿态，这样才能感化别人。感化别人的关键在于情感、需求、本能等行为动机，不要跟员工或者上级空谈道理，那样是没有任何效果的。

精准
管理

第五章

ZHANGWO GUANJIAN DUIHUA DE JIQIAO
掌握关键对话的技巧

管理就是沟通、沟通再沟通。

——杰克·韦尔奇

介绍的学问

在与员工进行沟通的过程中，管理者要学会介绍的学问。

管理者经常介绍自己或者被介绍。介绍与被介绍是管理者人际交往中重要的一环。虽然关于介绍没有统一的规定，但还是要遵循一些简单的原则，这对管理者来说意义是相当重大的。很多交往能够成功并稳定下来，就是因为开头介绍的 30 秒，介绍者已经让对方喜欢上了自己。有些拙劣的管理者不懂得介绍和被介绍的奥妙，对其重要性视而不见，常常有意或者无意通过介绍和被介绍来打击对方，结果是可想而知的。

一般来说，在比较正式和庄重的场合，有两条通行的介绍规则是管理者必须注意的：一是把年轻的人介绍给年长的人；二是把男性介绍给女性。在介绍的过程中，管理者先提某人的名字是对此人的尊敬。比如在女方是自己的妻子的时候，管理者就要先介绍对方，然后再介绍自己的妻子，这样才不失礼节。在把一个年轻人介绍给一位德高望重的长辈的时候，管理者要先提这位长辈，这样才不失尊重。管理者在介绍的时候，最好是姓名并提，而且还可以附加简短的说明。这种介绍方式等于给双方提示了开始交谈的话题，这样无疑会使初次的交谈更加顺利。

如果在一般的、非正式的场合，管理者就不必过于拘泥礼节，假若大家都是年轻人，管理者就更应以自然、轻松、愉快为宗旨。管理者只需要简单地说一句"我来介绍一下"，然后再做简单的介绍就可以了。在这种场合，没有必要过于讲究先介绍谁、后介绍谁，最简单和最有效的方法就是直接报出被介绍者各自的姓名。在介绍的过程中，管理者不妨说"这就是"之类的话以加强语气，使被介绍人感到亲切和自然。

理解别人并且让别人理解自己

管理者需要提高自己的沟通能力。所谓提高沟通能力，无非是两方面：一是提高理解别人的能力，二是增加别人理解自己的可能性。

提高沟通能力必须有一定的程序，这些程序依次是：

一是开列沟通情境和沟通对象清单。管理者只需要闭上眼睛想一想，你都在哪些情境中与人沟通，比如工作单位、聚会以及日常的各种与人打交道的情境。再想一想，你都需要与哪些人沟通，比如老员工、新员工、同事、上级等。开列清单的目的是使自己清楚自己的沟通范围和对象，以便全面地提高自己的沟通能力。

二是评价自己的沟通状况。在这一步里，管理者可以问自己如下问题：对哪些情境的沟通感到愉快？对哪些情境的沟通感到有心理压力？最愿意与谁保持沟通？最不喜欢与谁沟通？是否经常与多数人保持愉快的沟通？是否常感到自己的意思没有说清楚？……客观、认真地回答上述问题，有助于了解自己在哪些情境中、与哪些人的沟通状况较为理想，在哪些情境中、与哪些人的沟通需要着力改善。

三是评价自己的沟通方式。在这一步中，主要问自己如下三个问题：通常情况下，自己是主动与别人沟通还是被动沟通？在与别人沟通时，自己的注意力是否集中？在表达自己的意图时，信息是否充分？主动沟通者与被动沟通者的沟通状况往往有明显差异。研究表明，主动沟通者更容易与别人建立并维持广泛的人际关系，更可能在人际交往中获得成功。沟通时保持高度的注意力，有助于了解对方的心理状态，并能够较好地根据反馈来调节自己的沟通过程。在表达自己的意图时，一定要注意使自己被人充分理解。

四是制订和坚决执行自己的沟通计划。任何计划都有赖于执行力的力度，只有一步一步地把计划落实了，执行到位了，计划才能起作用。否则，再好的沟通计划，最终也会因为半途而废而毫无意义。

学会与人交谈

管理者要和员工沟通，就必须学会交谈。交谈是人们传递信息和情感、增进彼此了解和友谊的一种方式，但在交谈中想把话说好却不是轻而易举的事。要使交谈起到上述的媒介作用，管理者就应该注重培养和提高自己的交谈技巧。

任何交谈要想顺利进行，首先需要把握的就是交谈的话题。与人谈话最困难的就是应讲什么话题。一般人在交际场中，第一句是最不容易的。因为管理者不熟悉对方，不知道对方的性格、嗜好和品性，同时时间也不容许管理者多做了解或考虑，而且冒昧地提出特殊话题也是不礼貌的。因此对于管理者来说，必须就地取材，从当时的环境来觅取比较合适的话题。如果相遇地点在朋友的家里，那么对方和主人的关系可以作为第一句。比如说：您和某先生是同学吧？姑且不说这样问对不对，这样肯定能引起对方的话题。问得对的，管理者可以依原意聊下去，如果管理者猜得不对，根据对方的解释又可顺水推舟，在对方的话题上畅谈下去。

把交谈的主动权掌握在自己手中

共同话题的主动权应该掌握在管理者手中。共同话题往往源于员工和管理者的共同点，这些共同点往往容易拉近员工和管理者的距离。一般来说，可以从以下方面来寻找共同话题：

一是从员工的口音找话题。员工的口音往往能够表明身份和经历。管理者要大胆地猜员工的口音。猜对了，固然可喜，两个人有了共同的话题；猜错了，也很可喜，因为员工往往会告诉你他是什么地方的人，这样你们还是找到了共同的话题。

二是从员工的穿戴来寻找共同话题。员工的衣着、举止，在很大程度上可以反映出他的身份和地位。这些都可以作为管理者判断并选择话题的依据。如果看到一个西装革履的人坐在较大的办公室，管理者就可以判断其为主要负责人，即使是猜错了，也可以借这个错误的判断来恭维他。只要接上了话，整个局面就可以很轻松地控制在管理者手中。

三是从共同遭遇谈起。"同是天涯沦落人，相逢何必曾相识"，一般来说，遭遇相同或者近似的人容易形成共同话题。管理者可以通过共同的遭遇和员工寻求心灵上的共鸣。在我国历史上有些时期，很多人的遭遇都是相同的，对于这类遭遇，管理者可以和别人侃侃而谈，尽量制造良好的交谈氛围。

四是从共同物件谈起。如果管理者和员工有共同的物件，往往可以从共同物件谈起。比如员工有一个皮包和管理者的皮包是相同的式样和型号，管理者就可以从谈皮包出发，来诱导别人和自己交谈。

画龙点睛的赞美法

赞美对于管理者来说是相当重要的，它是一件好事，但绝不是一件易事。赞美员工如果不审时度势，不掌握良好的赞美技巧，即使管理者出于真诚，也会将好事变成坏事。在赞美员工时，以下技巧是可以运用的：

一是因人而异。人的素质有高低之分，年龄有长幼之别，因此要因人而异，突出个性，有所指的赞美比泛泛而谈的赞美更能收到较好的效果。年长的人总希望人们能够回忆起当年雄风，与其交谈时，管理者可以将其自豪的过去作为话题，以此来博得他的好感。对于年轻的人，不妨适当地夸张地赞扬他的开创精神和拼搏精神，并拿伟人的青年时代和他比较，证明其确实会前途无量。

二是详细具体。在交往中，发现别人有显著的成绩的时候并不多见，因此管理者要善于发现别人哪怕是最微小的长处，并不失时机地予以赞美。一般来说，赞美语言越详实具体，说明管理者对员工越了解，对他的成绩越看重。让别人感觉到管理者真挚、亲切和可信，距离自然会越拉越近。试想如果只是很含糊其词地赞美员工，说员工很出色或者很优秀，很难引起员工对管理者谈话内容的关注，有时候还会引起员工的猜疑，甚至产生不必要的误解。

三是情真意切。说话的根本在于真诚。虽然每一个人都喜欢听赞美的话，但如果管理者的赞美并不是基于事实或者发自内心，就很难让员工相信，甚至员工会认为管理者在讽刺他。比如一个其貌不扬的女士，管理者硬要夸她美若天仙，就很可能遭到别人的反感。一旦员工发现管理者说了违心的话，最可能的判断就是这个管理者是不可信的。因此赞美必须出于真诚，确实是别人有可以赞美的地方，才能给予适当的赞美。

对员工傲慢就是"犯罪"

管理者对员工的要求不要无动于衷，要及时回应。无动于衷就是傲慢，对员工傲慢是管理者十恶不赦的罪行。当管理者希望员工对自己说的话有所反应时，首先自己就必须对员工的话有反应。如当别人说了一个笑话时，不管这个笑话好不好笑或者是否听过这个笑话，管理者都应该尽量很真诚地报以一笑，这才是最合适的反应。

管理者对员工的行为不无动于衷就必须做到以下两点：

一是合乎时宜。对员工的行为做出反应要相机行事。如果员工刚刚受到挫折，管理者可以通过赞美来激励其斗志。但是如果员工取得了一些成就，已经被赞美声包围并对赞美产生抵触情绪时，再加以赞美就容易使员工骄傲，他以后就很难取得大的成就。

二是雪中送炭。在我们的生活中，受挫折的时候实在是太多了。人们往往把最真诚的赞美给予那些功成名就的胜利者，然而这种胜利者毕竟是极少数，大多数是平凡普通的人，可能时时遭受挫折。管理者所需要面对的人，很大程度上都是这类人。因此管理者对员工的反应很可能对于他来说是雪中送炭。管理者适时地对别人做出反应，往往能够让别人把管理者当作知心朋友来对待。当然对于管理者来说，不要心里存在任何愧疚，只要管理者的反应是出于真心诚意的，这种方法就是可行的。

谦虚做事才能被人尊重

管理者在进行管理的过程中，千万不要存在任何的优越感。管理者必须谦虚地做事情，即使自己取得了很大的成就，也要牢牢记住：没有这些员工，这些成就根本无法取得。因此管理者不应该有优越于员工的表现。

用一种优越于员工的态度与员工交谈，会让管理者很快就陷入不利的地位，进而失去交往的机会。管理者并不比员工优越，在整个管理过程中，管理者必须和员工形成良好的关系才能将管理工作做好。

有些管理者认为自己的能力十分强，员工的能力简直可以忽略，于是在管理的过程中，滔滔不绝地发表意见，不断地和员工争辩甚至反驳员工的意见等，这些都是认为自己有优越感的表现。殊不知真正决定管理有效与否的不是管理者的优越感，而是员工的配合。优越感太强的管理者是很难得到员工的认同的。

优越感太强的人往往容易虚伪，他们会制造出种种成绩来维护自己的优越感，以便将这种"比别人优越"的假象永远保持下去。殊不知在这种假象的保持过程中，他已经失去了员工的信任。

交谈中忌讳的四件事

管理者在和员工交谈的过程中，有些态度和表现是相当忌讳的。这些态度和表现很可能使管理者丧失交谈中的主动权，导致交谈的失败。这些忌讳主要是：

一是不要好斗。在和员工的交谈过程中，管理者应该尽量表现随和，通过热情和真诚来感化人，但是千万不要试图通过争辩来说服员工。争辩只能导致矛盾和不满，即使员工口头上认同管理者的说法，管理者也别相信别人已经心服口服。在和员工交谈的过程中，谁对谁错本身就是无所谓的事情，关键是要和员工形成一种有利于管理的关系。如果能和员工形成这种关系，员工永远是对的又有何妨？

二是不要以自我为中心。在和员工的交谈中，不要以自我为中心，否则很容易给员工造成他们无法控制局面的印象。在交谈的过程中，应该尽量让员工感觉到自己把握主动权。所有的环境因素都在自己的掌握之中，在这样的环境下，员工才有可能自觉自愿地和管理者形成一种良好的关系。

三是不要言过其实。对员工的赞扬应该有度，对自己的介绍也应该有度。过分的渲染或者热情都会让人产生虚伪的感觉，而虚伪的感觉一产生，管理者极力建立的诚信体系自然土崩瓦解。言过其实的说法是不足信的，这是每个人都知道的常识。

四是不要挖苦员工。员工不管说了什么做了什么，管理者都不应该挖苦员工。即使员工在众目睽睽之下有任何不雅的动作或者不雅的言谈，管理者都不应该挖苦他们，要注意时刻体谅员工，原谅员工的过失。挖苦员工对管理者来说没有任何好处，相反如果体谅员工往往能够得到员工的认同。

好印象会给你的管理工作增色

管理者要想获得较大的成就，就必须从多方面努力，其中一个最基本的方面就是营销自己，而树立良好的形象是营销自己的必要条件。对于管理者来说，要想有一个良好的形象必须从最基本的方面——服装仪表做起。

管理者形象的好坏对人的感觉所产生的影响是巨大的。如果管理者穿戴整齐，大方得体，别人一眼就觉得这个管理者很令人舒服，也会自然而然地产生信赖感，这种信赖感自然就会转移到和管理者的交往之中。但如果衣衫不整，而且满面尘灰，管理者就很难指望别人对他有好印象，更别指望建立良好的关系。当然对于管理者来说，完全没有必要衣着华丽、头发光亮，这种刻意的打扮只会让别人生厌。对管理者形象的具体要求如下：

头发能较好地表现出一个人的精神状态，管理者的头发应该是精心梳洗和处理过的，但不要给别人造成奶油小生的印象。耳朵和眼睛都必须清洗干净。鼻毛不可以露出鼻孔。牙齿要清洗干净，在与别人交谈的时候口中不应该有异味。胡子要刮干净或修整齐。没有任何人喜欢握一只脏手，因此双手必须保持清洁，而且指甲要干净和修理整齐。对于衬衫来说要注意领口和袖口的清洁，同时要注意和西服搭配协调。西服的口袋最好不要放东西，特别是那些容易鼓起来的东西，口袋东西放得越多，显示这个人地位越是低下。鞋袜须搭配平衡，要注意及时清理鞋上的泥土，否则会给别人造成不好的印象。

第一印象在人和人的交往中往往是最重要的，它能在较短的时间形成，同时在很长的时间内无法改变，因此要想赢得别人的认同首先必须赢得别人的好印象。

掌握会见的六种技巧

管理者经常有会见活动。管理者只有既讲究实际，又讲究艺术，才能够取得会见的最佳效果。如果管理者要会见其他企业的管理者或者上级，以下是一些会见时的技巧：

一是问候时最好点名道姓。迈进会客室的门，你的第一句话可能是：

"你好，见到你很高兴。"但这个时候倒不如说："陈总，您好！见到您很高兴。"

二是若对方没请你坐下，你最好站着。坐下后不应掏烟，如对方请你抽烟，你应说："谢谢。"请记住，切莫把烟灰和火柴头弄到地板上，要把它们放到烟灰缸中。

三是学会清楚地表达。善于表达使人终身受益。讲话不会概括的人，常常引起人们的反感，因为这种人叙事没有重点，思维头绪混乱。管理者要注意自己说话的逻辑，这样能够显示一个人的能力。

四是保持相应的热情。在谈话时，如果管理者没有倾注足够的热情，那么对方会马上失去谈话的兴趣。

五是要诚实、坦率，又有节制。在一件小事上作假，很可能使你的努力付诸东流。谁都不是十全十美的完人，因此管理者可以坦率地谈起或承认自己的缺点或过失。在评论第三者时不应失去气度，无节制地使用尖刻语言只会让人疑心："总有一天，他会在背后这样说我的！"

六是当愤怒难以抑制时，应提早结束会见。愤怒会使你失去理解别人和控制自己的客观尺度。它不仅无助于问题的解决，反而会把事情搞得更糟。因此，管理者如果实在不能控制住自己的情绪就应该及早地结束会见，不要让自己的情绪左右了自己的行为，最后把关系弄僵。

很好地把握说话的奥妙

一位有教养的管理者，不仅要对管理知识有很深的把握，而且应该很好地把握说话的奥妙。大量事实证明，管理者说话的魅力并不在于说得多么流畅和滔滔不绝，而在于是否善于真诚地表达！

最能和员工交往的管理者肯定不是一个口若悬河的管理者，而是善于真诚地表达的管理者。当管理者用十分得体、真诚的话来向员工表达时，他自然能赢得员工的信任，进而建立起信赖关系。员工信赖该管理者，自然会愿意和管理者交往，并将这种和谐的关系保持下去。

对于管理者来说，如果缺少真诚，滔滔不绝、一泻千里、说话就像做空洞的演讲一样，自然会让对方对其无法产生认同感。管理者说话成功的关键就在于在谈话中注入真诚，并将自己的心意传递给对方。只有当员工感受到管理者的诚意时，他才会打开心门，接受管理者的说话内容，实现和管理者的沟通，进而和管理者形成良好的关系。

在与员工沟通的过程中，还可以通过自曝弱点来表示自己的真诚。有些管理者在面对员工时，往往会说自己在人际交往中很笨拙，因此在交往的过程中有什么得罪的地方或者言语有什么不妥的地方，还希望员工能够提出批评意见。这是真诚的表现，通过表现自己的真诚，管理者可以让员工迅速认同自己，进而愿意和自己保持一种良好的关系。这种方法被很多管理者所采用，有些管理者虽然已经是交往高手，但是为了表示真诚，还是向员工表明自己相当笨拙。当员工在交谈的过程中漏洞百出时，管理者往往表示理解，并给予一定程度的认同。这些都是为了向别人表达自己的真诚。真诚的管理者容易赢得员工的尊重，而不真诚的管理者却让员工厌烦。

恰到好处地运用身体语言

我们已经了解身体语言在人际交往中的作用，然而，真正将身体语言有效地运用到人际交往中去却不是一件很容易的事。这需要我们做两件事情：一是理解别人的身体语言，二是恰当使用自己的身体语言。

身体语言比口头语言能够表达更多的信息，因此，理解别人的身体语言是理解别人的一个重要途径。从员工的目光、表情、动作与姿势，以及彼此之间的空间距离，我们都能够感知到对方的心理状态。了解了对方的喜怒哀乐，我们就能够有的放矢地调整我们的交往行为。但是，理解别人的身体语言必须注意：同样的身体语言在不同性格的人身上意义可能不同。一个活泼、开朗、乐于与人交往的女孩子，在与你交往时会运用很丰富的身体语言，不大在乎与你保持较近的距离，也时常带着甜蜜的表情与你谈话。理解别人的身体语言，最重要的是要从别人的角度上来考虑问题。要用心去体验别人的情感状态。当别人对你表情淡漠时，很可能是由于对方遇到了不顺心的事，因此不要看到别人淡漠就觉得对方不重视你。

恰当地使用自己的身体语言，要求管理者经常自省。自省的目的是检验自己以往使用身体语言是否有效，是否自然，是否使人产生过误解。了解了这些，有助于管理者随时对自己的身体语言进行调节，使它有效地为我们的交往服务。不善于自省的人，经常会产生问题。

管理者要恰到好处地把握身体语言，以做好和员工的沟通，使交流顺畅地进行下去。

以感恩之心对待周围的世界

管理者要学会以感谢他人这种方式来加强感情。

管理者要学会感谢员工，员工哪怕只是听了管理者说话，管理者都可以找出感谢的理由。很多管理者认为感谢员工过于困难，因为他们没有值得感谢的地方。这种认识是根本错误的。

哲学上有这样一种思想：每一个人都要以一颗感恩的心来对待周围的世界。生活中不缺乏值得感谢的地方，只是缺乏发现。在和员工的交谈过程中，适当地对员工表示感谢，让员工感觉到自己对于管理者来说是比较重要的人，这样往往能够拉近两个人的距离，同时也能产生共同话题。而且更为重要的是，员工觉得这个管理者确实是个感恩图报的人，认为管理者值得交往，进而产生和管理者交往的愿望，最后自然会建立一种比较稳固的关系。

对员工的感谢，对于管理者来说是永恒的话题。员工是值得感谢的，因为他们通过自己辛勤的劳动为企业做出了巨大的贡献。员工所有的劳动构筑了企业发展的基石，企业在市场中求得生存必须感谢自己的员工。

和员工交往不妨从名字谈起

在和员工交往的过程中，往往需要从对方的名字谈起。

名字不仅是一个人的代号，而且是一个人的象征。据研究表明，一个人的名字和他的性格以及他所成就的事业有相当的联系。一个男孩子取了一个女性化的名字，会在众多人的奚落中行为特征越来越女性化。

从员工的名字谈起，往往能够拉近和对方的距离。尤其是当员工的名字代表了时代特征或者某种理想时，管理者就可以从名字谈起来以博得员工的好感。比如叫跃进的人，管理者可以猜测其出生在 1958 年，进而对这个名字表示适当的赞扬；叫行健的人，管理者可以说："天行健，君子以自强不息。"这类的话都能和员工拉近关系，博得员工的好感。但是如果员工的名字确实很普通，看不出明显的时代特征或者理想寄托，管理者就不要自作聪明妄加猜测。直接问员工"你为什么叫这个名字"

是相当没有教养的表现。

对员工的名字，管理者不但要记录在档，而且要熟记在心。曾经听过一个十分感人的故事。一个扫街女工在周总理工作的楼下扫地，周总理过来询问了她的名字，过了一年，当周总理再次遇到这个女工的时候，一下子就叫出了她的名字，于是女工十分感动。记住员工的名字就像为员工守住一份珍贵的财产一样，总有一天会打动他们的。

巧妙恭维员工的外貌

管理者和员工交往，十分有必要从对方的外貌谈起。

每个人都会对自己的相貌或多或少地感兴趣，恰当地从外貌谈起是一种相当不错的拉近距离的办法。这个世界上，即使是最难看的人，也会觉得自己的外貌有相当的可取之处。如果一个人脸型没有什么可以恭维的，就可以恭维他的眼睛。

和管理者打交道的员工，肯定在相貌上有着可取之处，关键问题还是集中在管理者是如何看。管理者说话要灵活，不要刻意去恭维一个相貌确实难看的员工，夸他相貌堂堂。这样员工会认为你在有意讽刺他。因此恭维员工时，必须发现员工确实有可恭维的地方。眼睛不行找鼻子，鼻子不行找发型。只要管理者用心去找，就一定能够找到。

管理者恭维员工的外貌，一定要表现得自然，任何不自然和虚伪的表露都会让员工看出破绽，进而失去表扬和恭维的效果，甚至在很多情况下会起到反作用，这是管理者应竭力避免的。

根据员工的性格来说话

管理者在和员工交谈的时候，要根据员工的兴趣爱好来说话。因为员工的职业、个性、阅历及文化素养等方面的不同，会导致他们的兴趣和爱好也有所不同，而且每一个员工的爱好会随时间和地点的改变而有所改变。管理者如果知道员工对某个方面特别感兴趣，不妨从员工感兴趣的话题谈起，这样往往能够较容易地打开对方的"心门"。一般来说，可以从以下几个方面来说话，这样往往能够取得较好的效果。

一是可以根据员工的性格特点来说话。一般来说，性格内向的员工不仅自己说话比较讲究方式方法，而且特别希望别人说话也讲究分寸和礼貌。因此，与这类交际对象交谈的时候，要注意说话方式，要尽可能地对这样的人表示尊重和谦虚。然而如果员工是比较直率、爽朗的人，就没有必要过分地计较说话的方式，最好的办法就是开门见山。总之对于不同的员工应该采用不同的说话方式。一般来说，说话方式和员工接近就容易接近员工。

二是可以根据员工的不同身份来说话。对方如果来自农村，就不要谈论工资福利；如果来自城市，就不要谈收成。对具有不同身份的员工，管理者应该采用不同的方法来进行说服工作。用同一种方法来和不同身份的人交谈就很难避免尴尬和陌生的感觉。同时，面对不同身份的员工，应该选择不同的话题，即要选择与之身份、职业相近的话题。否则很难和员工有共同语言，没有共同语言就很难实现良好的沟通。

三是可以根据员工心理说话。这种说话方式要求比较高，它需要管理者能够经过短暂的接触看透员工的心理。这种方式的目的就是要把话说到员工的心坎上。

不要哪壶不开提哪壶

在与员工交谈的过程中，有几个相当忌讳的话题。

一是员工的隐私。除非是员工主动告诉你他的隐私，否则不要随意去打探员工的隐私。隐私是员工所拥有的一些不愿公开的秘密。凡是知道这些秘密的人都会是员工的朋友，同时员工也会对这些人有些戒备。尊重员工的隐私，是尊重员工人格的表现。如果管理者不顾员工保留隐私的心理需要，盲目懵懂地去询问员工的隐私，就会影响两个人的谈话效果，还会让员工对自己产生不良的印象，进而损害管理者和员工的关系。即使是员工主动将自己的隐私告诉管理者，来征求管理者的意见和看法，管理者也应该注意回答的内容，不要得意忘形，像一个专家一样出谋划策、说三道四。只要说一些象征性的话就行了。如果员工非要管理者给出一些建设性建议，管理者不妨给员工讲一个故事，说他有个朋友曾经也遇到这样的事情，结果是怎么样解决的，仅供他参考。这样即使建议没有任何效果，甚至起到相反的作用，管理者也没必要自责什么，员工也不会将过错归结到管理者身上。

二是员工的伤心事。员工的伤心事不能当作谈话内容，一来是因为员工的伤心事并不想被很多人知道，除非这个员工心理上有某种急于倾诉的需要；二来员工如果沉湎于伤心事中，就很难和管理者交谈下去，因此管理者要极力回避别人的伤心话题。虽然通过同情别人往往能够赢得别人的好感，但提及别人伤心事的办法终究不是高明的谈话方法。

三是员工的尴尬事。当得知员工有些尴尬的话题时，管理者一定要回避。因为尴尬的话题一说出来往往会使员工觉得特别别扭。尴尬话题可以说是别人的禁忌话题，管理者在会见员工之前一定要弄清楚别人对哪些话题十分尴尬。

把握说话的分寸和尺度

管理者在与员工交谈时，一定要注意交谈言语的几个重要方面，这样才能让交谈顺利进行下去。主要包括以下几个方面：

一是要用得体的称呼。管理者首先必须和员工打招呼，以引起员工的注意，因此就必须在称呼上讲究一些。一般来说，对有身份和地位的员工，一般是用十分尊重的语气说出员工的姓和头衔，对于头衔上有"副"字的员工要尽量将"副"字省掉。称呼要因人而异，要因年龄而异。在交往的过程中要不断地强化自己的称呼技巧。千万不要随便地称呼员工，除非已经和员工相当熟悉了，否则很容易让员工感到不满。

二是要处处尊重员工。员工对自己的声望、尊严、地位和成就都是相当看重的，即使是口头上说无所谓的员工。管理者要注意尊重员工，满足员工的自尊需要。不要用任何讽刺的话来挖苦员工，这样才能让员工对管理者产生亲近心理。

三是说话把握分寸。管理者在交谈的过程中要进退有度，不要将任何话说过头或者将话说得太满。一般来说，说话过头的管理者往往最后很难控制局面，因为员工对太满的话很容易找出破绽，进而质疑管理者。管理者要花相当的精力去解释自己所说出的话，而且很可能解释不清楚，这样就很难赢得员工的信任。

精准
管理

第六章

GUANLI DE YAODIAN ZAIYU YONGREN
管理的要点在于用人

卓有成效的管理者善于用人之长。

——彼得·杜拉克

有千里马还得有伯乐

在开始本节之前，先将韩愈先生《马说》的译文奉上，因为对于用人之道，韩愈先生看得最为通彻。

世上有了伯乐，然后才有千里马。千里马经常有，而伯乐不经常有。所以即使有名马，也只是辱没在马夫的手里，和普通的马一起死在马厩里面，不会因为日行千里而出名。

千里马，吃一顿有时需要吃完一石粮食。然而喂马的人不知道它能够日行千里，结果没有特别喂养。因此这样的马，虽然有日行千里的才能，但是因为吃不饱，力气不足，才能和优点不能从外面表现，甚至想和普通的马一样都做不到，这样又怎么能要求它日行千里呢？

鞭策它不用正确的方法，喂养它又不能够充分发挥它的才能，千里马仰天嘶鸣，人们却不能懂得它的意思，只是握着马鞭站到它的跟前，感叹道："天下没有千里马！"唉！难道是真的没有千里马吗？那是因为真的不认识千里马啊！

人才是指掌握某一种专业工作的技术和技能的人。人才可以分为三大类：技术人才、技能人才、经营和管理人才。我们一般是以技能人才、技术人才、经营和管理人才的排列顺序，构成宝塔形，技能人才为基础，经营和管理人才置于塔峰。人才在被发现之前，都是默默地生活在普通人中间。人才犹如冰山，浮于水面者仅 10%，沉于水底者达 90%。企业要想兴旺发达，就必须充分利用这些人才。

管理者必须从员工当中发现人才，并正确地使用人才，这样才能够保证企业的正常发展。

爱的循环

吉田忠雄的 YKK 拉链公司制造的拉链曾经占世界总产量的 35%，它每年生产的拉链可在地球和月亮之间拉上四个来回，其销售额每年高达 20 多亿美元。

吉田经营的奥妙在于他的"爱的循环"。他说："积五十年之经验，就是奉行了爱的循环哲学。"所谓"爱的循环"，吉田说："我一贯主张办企业一定要赚钱，多多益善，但是利润不能独吞。我们将利润分成三份，三分之一是以质量较好的产品以极低廉的价格交给消费者；三分之一交给销售我们产品的经销商和代理商；三分之一用在自己的工厂。""不为别人的利益着想就不会有自己的繁荣。"

吉田为了实现"爱的循环"，准许公司雇员购买本公司的股票，持股票者每年可得到 8% 的股息。同时吉田还要求员工把工资和津贴的 10%、奖金的 50% 存放在公司里，用以改善、扩大公司的经营。公司每月支付给存款员工的利息比银行的定期存款利息还要高。

在"爱的循环"哲学指导下，YKK 公司的产品为适应不同顾客的不同要求，不论利大利小，只要市场有需求，就要生产。由此树立了良好的企业形象，赢得了市场的认同。

管理者必须时刻关心自己的员工，在"爱的循环"意识的指导下为员工创造更多的利益，只有管理者真正为员工创造了利益，员工才会为企业尽最大的努力。

思想上重才

管理者用才，首先必须从思想上真正重视人才。我国古代有个故事有必要让所有的管理者看看。

春秋时候楚国有个人叫沈诸梁，字之高。因为他父亲曾受封于叶，他就自称叶公。这位叶公特别爱龙，所以家里的东西都采用龙的形象，做成龙的样子，屋里到处都雕有龙的花纹。有一天天上的真龙听说他这么爱龙，就从天而降，来拜访叶公。龙头趴在窗口，龙尾一直摆到厅堂里。叶公一看，顿时大惊失色，拔腿就跑。原来叶公并不是真爱龙，他不过是爱似龙而非龙的东西而已。

很多管理者就是叶公，他们自称十分喜欢龙，但其实并非如此。他们通过这样的方式来表达自己对人才的渴求，说到底是一种不重视人才的表现。叶公好龙似的呼唤人才，只能是给自己增加一些爱才的包装，难以真正发现人才。很多管理者总是说自己如何爱才，如何渴求人才，但是在企业管理中，他们压制人才的积极性和创造性，使得愿意归附企业的人才最终都黯然离去。

所有的思想需要在行动上得以体现，才能证明其思想的正确性。管理者思想上重才，毫无疑问是十分正确的，但是还需要在行动上有所表现。

人不可貌相，海水不可斗量

管理者用人必须学会综合考察。

尽管有很多人在研究人才的科学测试方法，也出现了不少人才测评软件，但人毕竟不是机器，任何分析试验手段，都无法完全准确地定义评价人才。因为人是千变万化的，任何人在不同的环境和情景下，其情绪和表现是不一样的，加上人的一些本能反应，往往会出现种种假象。

如果管理者仅凭表面判断，必然导致"以貌取人，失之子羽；以言取人，失之宰予"。

"人不可貌相，海水不可斗量。"这是中国的一句古语。泰戈尔也说过："你可以从外表的美来评论一朵花或一只蝴蝶，但不能这样来评论一个人。"以貌取人，没有丝毫的科学根据。事实上其貌不扬的人有不少很有才学，而相貌出众的人，也有不少平庸之辈。

澹台灭明是武城人，字子羽，比孔子小三十九岁。他长相丑陋，欲拜孔子为师。孔子看了他那副尊容，认为难以成才，不会有大的出息。因子羽是他的学生子游介绍来的，所以孔子虽看不起他，还是将他收留为弟子。澹台灭明在孔子那里学了三年左右，孔子才知他是貌丑而德隆的人，所以说"以貌取人，失之子羽"。子羽学成后，曾任鲁国大夫，后来南下楚国。他设坛讲学，培养了不少人才，成为当时儒家在南方的一个有影响的学派。

对于管理者来说，只有深入调查，综合考核，才能较为准确地评价一个人，才能发现真正的人才。

不求全责备才能得人心

管理者使用人才必须摒弃求全责备的思想。

人才有全才和专业人才，大多人才都是具有一技之长的人，如果求全责备，就会让这些能人闲置。

骏马能历险，犁田不如牛；坚车能载重，渡河不如舟；舍长以就短，智者难为谋；生材贵适用，慎勿多苛求。

选择人才要唯才是举。

在选拔人才的过程中，管理者的思想容易走向两个极端：或者过分重视思想品德，对有没有能力无所谓；或者过分重视专业技能，只要有本事，思想如何无关紧要。有的管理者甚至认为重品行与重才能是不可兼得的，要么重德，要么重才。

对于企业来说，品行和才能两个方面固然不可偏废，但选拔人才的关键是看人才是否有利于企业的发展。对于一些品德较差，但才能突出的人应该加以正确引导，充分用其所长，避其短处，这样才能够使人才为我所用。当然品德稍差的人也必须具备一些基本的道德水准。

求全责备者永远得不到真正的人才，管理者要学会对人才宽容，不要过于苛责，用人用其一面就足够了，过于苛责，最容易失去人才。

坚守公认的标准

管理者在选拔人才的时候，要不受主观感觉的影响，不受世俗偏见所左右，在实践的基础上用理性思维去评价和考核人才，这才是选拔人才的重要原则。重男轻女思想、论资排辈思想和求全责备思想，都不利于选拔有利于企业发展的人才。

同时管理者必须坚持公开公认的原则。对于企业来说，人才的选用一定要公开，不仅要公开人才的选择范围，而且要公开人才的选择标准。同时管理者在选择人才时，要秉承公认的原则。有许多优秀的人才，由于长年在基层工作，最了解他们的是一线员工。正常的情况下，得到同事们认可的人才，一般都具有一定的代表性和先进性。因此在人才的选拔上，要有一定程度上的民主。当然有些时候，对于一些特殊的人才可以不采用公认原则，因为他们可能在性格上有诸多缺陷，从而影响他在别人心目中的认同度。破格录取人才的办法只能在特殊情况下才能使用，否则会引起整个企业的动荡。

公开公正原则要求管理者以身作则。管理者在对人才选拔的时候，一定要制定详尽的人才选拔标准，并向众人昭示，自己正是靠这种标准上来的。

找对人才就能做好事情

世界上众多著名公司之所以取得成功，其关键在于用人的成功。

作为全球最大的快餐连锁公司，麦当劳的用人之道是：企业首先应是培养人的学校，其次才是快餐店。麦当劳用自己独特的职业道德占领市场，着力寻求相貌平平但具有吃苦耐劳创业精神的人，并以公司自身的经验和麦当劳精神来培训自己的职工。

东芝用人之道是要尊重人就要委以重任，担得起 100 公斤的员工，就应该交给他 120 公斤，从而激发人的创造力。这种"重担子主义"的用人路线，使东芝经久不衰。

索尼公司不拘一格使用人才，演员出身的大贺则卫被录用，最后被提升为总裁的例子最为典型。他充分发挥自己声乐和经营方面的特长，九年以后，使得索尼的录音公司成为日本最大的录音公司。

英特尔公司每一个员工的工资涨幅，会有一个关键的参考指标，这就是个人业务承诺计划。对于英特尔来说，制订承诺计划是一个互动的过程，员工和他的直属经理坐下来共同商讨这个计划怎么做才能切合实际。业务承诺计划的实质就是和企业立下了一个一年期的军令状，这样企业会非常清楚员工一年的工作及重点，而员工也会对一年的工作任务非常明白，剩下的就只有执行了。

思科的用人之道是为了不裁人，所以要找最好的人。思科的业绩发展不是先找人来开拓市场，而是市场业绩在前跑，然后找人跟进这个业务。以业务拉动人的高速发展模式使思科得到迅速发展。

摩托罗拉在招聘时注重看应聘者有没有发展意识，既要发展自己，同时也必须发展别人。摩托罗拉的员工发展到某一阶段后就有发展别人的义务。

谷歌鼓励员工的建设性对抗，它认为员工之间因为解决问题引发的种种争执是不可避免的，掩饰问题也是不对的，因为问题不会自行消失。

做好每一件事

作为一个优秀的管理者，必须认真做好每一件事情。

"日本经营之神"松下幸之助是众所周知的成功管理者，他的经营哲学简单归纳就是：日积月累，做好每一天的事。

松下幸之助常说，自己之所以有所成就，是因为不厌其烦地做好每一天的事。

他指出："我并没有那么长远的规划。珍视每一个日日夜夜，做好每一项工作，这是有今日辉煌的秘诀。遥想当年，我并没有什么要建一座大工厂的远大规划。创业初期，一天的营业额仅一日元，后来又期盼一天有二日元，达到二日元又渴望三日元，如此而已，我们只不过是热心努力地做好每一天的工作。"

他曾说："迄今每遇到难题的时候，我都扪心自问，自己是否以生命为赌注全力对待这项工作？当我感到非常烦恼苦闷时，往往是没有全身心地投入工作。由此我便洗心革面，全力向困难挑战。有了勇气，困难便不成其为困难了。"

松下幸之助经常鼓励他的员工珍视每一天，做好每一件工作。"让青年胸怀大志的确是件好事，然而，为达此目的，需要日积月累，珍视

每一天的每一件工作，由此而循序渐进地有所进步，长此下来，最终将
成就伟大的事业。"

刘备的用人之道

刘备在东汉末年的群雄割据中，开始的时候只不过是一个势力很小，
十分微不足道的军阀。左右文武人才寥落，根本没有能力和曹操、孙权
抗衡，但是最后刘备居然形成了鼎足三分的局面，实在是创造了奇迹。

刘备成功因素中最重要的一点就是刘备的用人之道，这是任何人都
无法否认的。在刘备的用人之道中，最为突出的例子就是三顾茅庐。

刘备驻军新野时，自知蹉跎半生的缘由是身边虽有关羽、张飞等猛
将，却没有能出谋划策运筹帷幄的谋士，于是礼贤下士，希望寻求良辅。
最后在司马徽和徐庶的举荐下，刘备和关羽、张飞来到襄阳隆中，拜访
诸葛亮。第一次来到茅庐时，诸葛亮已经外出，三人在返回的途中遇见
了诸葛亮的好友崔州平。几天后，刘、关、张又顶风冒雪，二顾茅庐。
在途中遇到诸葛亮的好友石广元、孟公威。到达茅庐后只看见诸葛亮的
弟弟诸葛均，原来诸葛亮又出游了。于是刘备留下一封信，向诸葛亮表
达求贤的意思。在返回的途中，遇见了诸葛亮的岳父黄承彦。又过了一
段时间，刘备与关羽、张飞三顾茅庐，这个时候诸葛亮正好在家，但是
在午休。于是刘备吩咐关、张在门外等候，自己徐步而入，拱手立于阶下，

直等到诸葛亮醒来以后，才得以相见。刘备向诸葛亮询问统一天下大计。诸葛亮见刘备襟怀坦荡，胸有壮志，于是便将早已酝酿成熟的重振汉室、统一海内的谋略，毫无保留地告诉了这位理想人主。

为了一个人才，刘备三顾茅庐，但就是这个人奠定了蜀国的基业，奠定了三分天下的局面，而且他对刘备始终忠心耿耿。

贞观之道的启示

唐朝的第二个皇帝唐太宗李世民，是我国历史上最有作为的皇帝之一。他帮助父亲李渊推翻隋朝，建立唐朝。当了皇帝以后，他减轻了老百姓的负担，重用一大批有才能的官员，重视发展生产，加强了国内各民族的团结，在不长的时间里，就把唐朝治理得富强昌盛。

李世民对于人才很重视。即使是曾经与他作对的人，只要是人才，他都给予重用，表现出一个封建政治家的宽宏大量。魏征曾是李世民哥哥的手下，曾想暗杀李世民。李世民登位后，不仅不计前仇，反而拜魏征为大夫，因为魏征是个有学问有见识的人才。最后由于魏征的大胆进谏，李世民一生避免了许多过失。李世民曾说："以人为镜，可以明得失。"魏征死后，他叹惜从此再没有这面镜子。

正如李世民自己总结的五条成功经验所说："第一，过去的皇帝常常妒忌有才能的人，我不是这样。我见了谁有才能就高兴，就像是我自己的才能一样。第二，我用人主要是用他的长处，避免他的短处，不要求一个人样样都行。第三，我不像有的皇帝那样，对有功的人就喜欢得抱在怀里，对犯了错误的人就讨厌得要推到沟里去。我尊重有功的人，也原谅犯错的人。第四，过去有的皇帝，忌恨敢说直话的大臣，随便杀害他们。我从来不这样，对说直话的人一向是奖励的。第五，过去的皇帝差不多都只重视汉族人，轻视其他民族的人，我没有这种偏见。无论是不是汉族，我都同等对待，所以许多外族都来投靠我。正因为有了这五条，我才有今天的成功。"

从以上内容不难看出，对于管理者来说，成功的关键就是用人。

注重培养自己的人才

对于企业管理者来说，重视发现和选拔人才相当重要，同时在发现和选拔人才后，人才培养和管理也是相当重要的。因为人才不是天生的，而是在后天的环境中慢慢养成的。人才的诸多素质只有在新的岗位上才能够得到体现，因此企业必须注重人才的培养和管理，为人才施展其抱负创造一个起飞的平台。

有的企业认为企业不是学校，因此只注重人才的使用，而不注重人才的培养。这种观点是大错特错的。主要原因是：

一是现代社会是一个信息时代，新的知识点就像雨后春笋一样层出不穷。从学校学习到的知识，或者从原来就职的企业学到的经验，对现在就职企业来说有一半以上可能已经过时，因此企业必须重视对员工进行培养，这样才能够造就人才，为企业服务。

二是从学校培养出来的相当部分的人固然是人才，但并不是适合本企业发展。因此企业必须通过人才培养来将企业的理念和行为准则灌输到员工身上，进而培养适合企业的人才。

三是企业就是一个学校，在人才的培养过程中，企业和人才实现了互动，这是有利于企业自身发展的。

人才归根到底是由企业培养的，因为所有的真知灼见都是从实践中来的。一个学校的毕业生只有在社会中才能够实现自己在学校所学知识的价值。

一流的培养造就一流的人才

对于管理者来说，往往会过度地注重人才的培养成本，因此忽视了对人才的培养。世界优秀的企业都注意对人才的培养，因此而决定了它们的优秀。因为一流的培养造就一流的人才，一流的人才造就一流的企业。

其实人才的培养不仅需要成本，而且需要采用各种人才培养技巧。

日本丰田公司对一线工人采用工作轮调的方式，来培养和训练多功能作业员，以提高工人的全面操作能力。丰田通过工作轮换的方式，使一些资深的技术工人把自己的所有技能和知识传授给新人。丰田采取五年调换一次工作的方式来重点培养各级管理人员。每年 1 月 1 日进行组织变更，调换的幅度大概为 5%，调换的工作主要是本单位相关部门。对于个人来说，轮换岗位使个人成为一名全面的管理人才和业务多面手。虽然转岗有个熟悉操作的适应过程，会导致生产效率的降低，但从长期来看是有百利而无一害的。员工经数次岗位变动后，已掌握了整个生产流程的操作，熟悉了每道工序的操作规则，这样可以提高员工的工作技能和责任心，也有利于员工在做自己本职工作的时候为公司其他工作岗位创造方便。同时，经常有秩序地轮岗可对员工造成适当压力，使其有效地发挥工作潜能和积极性，使整个企业保持生机勃勃、蒸蒸日上的积极态势。

终身教育很重要

终身教育一直都是为很多管理者所推崇的。

在谷歌公司，不论是现职人员，还是临近退休的职工，甚至连已经离开公司的人员都作为教育对象。对于临近退休的职工或是已离开公司的职工，所进行的教育主要是修养方面的教育。这样做的目的是提高职工所必须具备的教养和知识。谷歌希望这些退了休或者离了职的职工，

无论走到哪儿，都能以他们出色的风采、才能和气质得到如此的评价："这
个人不愧曾是谷歌的人，各方面都相当能干。"

谷歌作为世界上一流的企业，当然应该有一流的教育培训，也正是
因为这一流的教育培训，让谷歌始终保持着世界上一流企业的水准。

几乎所有的管理学者都会赞扬谷歌在员工培训方面所取得的巨大成
就。通过培训，谷歌让它的员工成为了世界上最优秀的员工；通过培训，
谷歌为自己打造了一个一流的团队和金字招牌。

岗位培养不能忽视

管理者培养人才要注意进行岗位培养。

岗位培养是指让人才在社会实践中，有目的、有针对性地锻炼自己。
通过岗位培养，员工开动脑筋、积极思考，从而达到提高工作能力的目的。
艰苦的岗位和涉及切身利益场合的考验，可以培养和锻炼其过硬的思想
作风；增加新的工作内容，可以锻炼员工的适应能力。

一个人的工作热情与激素分泌有关，热爱工作的人，激素分泌十分
旺盛，对工作就会十分投入；厌倦工作的人，其激素分泌比较少，往往
表现出郁郁寡欢的情绪，因此对工作就很不用心。岗位培养首先要进行
爱岗教育，激发员工工作的内在动力和积极性，使员工进入一种紧张的
状态。具体来说，岗位培养可以给其岗位增加挑战性和独立性，也可以

让员工经常担任不同的职务，使其得到锻炼。同时还可以让其身兼数职，使其驾驭能力提高。当然，也可以让优秀的员工人才到上一级岗位代职一个时期，使其得到锻炼。

一个重视自己工作岗位的人是一个负责任的人，管理者通过岗位对员工进行培训和教育的最终目的，是把员工培养成一个对企业、对自己负责任的人。

精神培养十分重要

管理者培养人才还必须注重精神培养。

精神状态对一个人来说十分重要。一个没有追求、没有理想、没有精神支柱的人，很难在工作中做出突出贡献。对人才进行培养时必须培养两种基本精神：一是苦干精神，二是创新精神。世界上许多有名的企业，都有鼓励员工艰苦创业的成功范例。企业员工有了吃苦耐劳的精神、坚强的意志和毅力，往往能帮助企业渡过难关。

同时，在信息飞速发展的今天，现代企业的竞争实质上就是技术力量的竞争和创新人才的竞争。谁拥有一批具有创新意识的优秀人才和高精尖的技术，谁就能在经济大潮中获胜。因此企业要有鼓励人才创新的机制，使每个员工都有自发创新的权力；要定期和不定期地下达创新任务，并和奖金工资挂钩，迫使其创新；要重奖创新人员，形成鼓励创新的氛围。即使创新失败，也应该对员工进行鼓励与安慰。

管理者要重视员工的精神状态，精神固然代替不了物质，但它可以促进物质发挥更大的作用。管理者在管理中要重视精神的力量，要注意对员工进行精神培养。

扬长避短，合理用人

管理者必须根据发展状况和实际需要，认真研究企业对人才的需求，什么岗位要什么样的人才，要做到心中有数。同时要清楚了解员工的能力与特长，尤其要善于发现那些默默无闻的人才。要根据人才的专长，扬长避短，合理使用人才，千万不要将有能力的人才闲置。

管理者在用人的过程中必须牢牢记住一点：用人不疑。

1683 年 6 月，施琅奉康熙帝的命令率水师两万余人，战船两百余艘，自铜山出发，进击台湾，经过几天奋战大败澎湖守军。郑军主力悉数被歼，军心涣散。施琅占据澎湖，对郑军进行招抚。郑克爽见大势已去，遂同意归附清廷。这在清初是一件大事，施琅为此立了大功。在此过程中，施琅固然功不可没，但是如果没有康熙帝的用人不疑，施琅恐怕也很难施展抱负。正当施琅雄心勃勃希望以武力征服台湾时，主抚派在当时占了上峰，部分朝臣对施琅不信任。因为他不仅是明朝的降将，而且在 1664 年前后两次率兵征台未果。最后康熙帝仍然果断地任用施琅，终于使得台湾得以统一。

管理者一定要有正确的用人态度，要有清醒的用人意识，要有坚定的用人信心。企业可以有各种监督、考核手段，但并不是在其职权范围内横加干涉。要表里如一，让员工安心工作，而不必花费精力来应付管理者。通过建立科学的选拔和用人机制，创新人才才会脱颖而出。

给人才创造一个好的环境

管理者用人要为人才创造良好的环境。

著名管理学家德鲁克说过"人是我们最大的财产"，但是为人创造一种才尽其用的环境更为重要。人力资源管理不但要把重心放在人才的选拔和培养上，而且要注重在组织内部建立一套科学的用人机制，以保证能最大限度地激发人才的创造性。要通过建立"公开、公平、公正"的竞争机制，激发员工的积极性，使整个组织充满活力。同时还要以组织、企业文化为核心，增强组织成员的凝聚力。当然还必须培养人才的团队精神和合作精神。

当今时代的每一项成就都不是靠某个人单打独斗得来的，而是基于良好的合作。造就让人才脱颖而出的环境应坚持竞争、择优的原则，做到制度规范、透明公正、运行有序。要大力弘扬尊重知识、尊重人才的思想，创造和谐的工作环境。要合理配置人才资源，开展人才的交流，扩大识人视野，广开进贤渠道，让人才脱颖而出。

张瑞敏认为，企业领导者的任务不是去发现人才，而是建立一个可以出人才的机制。建造这样一种人才机制，就是要给每个人相同的机会，像运动比赛一样，赋予每个人参与竞争的可能，而这样做的关键是看管理者的能力如何。海尔设有干部处，他们的任务不是去发掘人才，而是研究现行机制能不能把所有人的潜能发挥出来。

人才管理模式

一般来说，人才管理有以下四种模式：

第一，扁平化管理。这种管理意味着企业上下级之间的沟通十分畅通，员工的创造力、闪光点可以在最短的时间内被捕捉到，并得到运用，企业可以避免因多级管理而造成资源配置不当和失控。当然实施"扁平化"管理的先决条件是需要在企业内部建立起完善的现代化信息体系。

第二，海豚式管理。在海豚式管理中，管理者是优秀的激励者、卓越的社交者和沟通者，这正是企业最需要的品质。在现代企业管理中，应仿效"海豚"模式，做到信念坚定，追求公平。管理者要胸怀宽广，乐于接受批评；同时强调合作和团队精神，给下属更多的自主权和责任。

第三，金鱼缸式管理。金鱼缸式管理法要求从总经理到每位员工，人人注重节俭而操守清廉。因为管理一个企业，就像喂金鱼缸里的鱼一样，不要一下子给得太多，那样会把金鱼撑死，而要尽可能地少给，要尽量节约。

第四，危机管理。它以市场竞争中危机的出现为研究起点，分析企业危机产生的原因与过程，探讨预防企业危机的手段和解决对策。危机管理要求管理者尽可能深入、全面地了解企业的结构、组织和职能，仔细分析与本企业经营管理相关的各种因素的变化趋势，预测可能发生的危机。对人员进行危机管理主要有两种方法，一种是实行危机压力法。如果一个企业的工作环境长期不变，员工长期不挪动，势必缺乏活力，使员工产生惰性。企业老板可以根据市场形势，寻找对本企业不利的一面，制造紧张气氛，让员工感到压力，让大家参与分析和研究解决办法。另一种是实行背水一战法。对关系到企业命运的重大项目，可以向本企业员工招标。并用立军令状的形式，给人才以压力，迫使其奋力拼搏。

留住优秀员工

优秀员工是企业生存和发展的基础。任何企业都应该建立一套完整而有效的体系和环境，并专门制定出针对员工辞职的操作政策和原则，来帮助留住优秀的员工。企业应该在招聘员工前和招聘过程中就充分考虑这些问题。

当一名优秀员工将辞呈递到了管理者面前，管理者应该怎么做？以下是一些参考的办法：

一是即刻做出反应。如果企业十分想留住这位员工，那就没有什么比立即做出反应更重要的了，任何延误都是对人才的不尊重。这时候企业管理者向员工表明的两件事情就是：一、向员工表明他确实比日常工作重要；二、在员工铁心离开之前，给你最大的机会去改变他的想法。

二是立即通知上司。管理者在接到辞呈一个小时内，应该对此事进行上报。如果有优秀员工提出辞职，而上级管理者在很晚时间才知道，会认为他的下级办事不力。

三是倾听员工的心声。管理者应尽快坐下来与该员工交谈，仔细聆听，找出辞职的确切原因。然后将从员工身上了解到的情况逐级向上传送。同时，还要了解清楚该员工看中另一家公司的是什么，是更好的工作、较高的薪水还是事业上的根本改变？这些方面是说服员工改变主意的关键。

四是对辞职的消息保密。大多数人在做重要决定时都会犹疑不决，而一旦认准了，无论对错都不会轻易改变。如果企业其他人毫不知情，那么辞职的员工就不必处在公开反悔的尴尬处境，而企业在消息公布之前就有更大的回旋余地。

五是全力以赴追回员工的心。管理者对辞职员工快速做出反应，就是要让他一开始就感到他的辞职是件大事。管理者接着就要让他知道公司对他确实很重视，因为管理层都在倾听他的谈话。

精准
管理

第七章

SHISHI SHIDI CHUANDA GANJUE

适时适地传达感觉

合作是一切团队繁荣的根本。

——大卫·史提尔

最后一片叶子

管理者要创造独特的文化内涵，感染员工的情绪就必须在管理队伍中培养自信与乐观。

有一个故事是值得管理者和员工看看的。

在病房里，一个生命垂危的病人从房间里看见窗外的一棵树，树叶在秋风中一片片地掉落下来。病人望着眼前的萧萧落叶，身体也随之每况愈下，一天不如一天。他对自己说道："当所有的树叶全部掉光的时候，我也就要死去了。"这句话被一个画家知道了，于是在深夜，他爬上了树，用彩笔画了一片叶脉青翠的树叶挂在树枝上。秋天过了，冬天来了。冬天过了，春天又来了，最后一片叶子始终没掉下来。也正是因为生命中的这片绿叶，病人竟奇迹般地活了下来。

对于管理者来说，无论遇到任何情况，都必须保留一份自信，不要因为前途的迷茫，而丧失了前进的方向。

人应该永远乐观，永远坚持下去。只要自己不放弃心中的理想和希望，不放弃心中最后一片叶子，就有成功的可能。如果企业中多是这样的员工，企业的管理自然能协调。

培养乐观态度

　　培养乐观的态度，是管理者必须做的。有这样一则笑话：乐观者发明了游艇，悲观者发明了救生圈；乐观者建造了高楼，悲观者生产了救火栓；乐观者去做了冒险的赛车手，悲观者却穿起了白大褂当了医生；最后乐观者发射了宇宙飞船，悲观者则开办了保险公司。可见，管理者保持乐观的态度是相当必要的。

　　管理者乐观与否说到底是一个思想意识问题。弥尔顿在《失乐园》中有一句话："意识本身可以把地狱造就成天堂，也能把天堂折腾成地狱。"管理者的困难和烦恼甚至是痛苦都不是因为事情本身，而是管理者看问题的观念和态度。经常不快乐的管理者往往有三种表现：一种是思想比较狭隘，这种人往往把小事情看得很大，很严重；另一种是思想比较敏感，神经过敏，疑神疑鬼，心里不痛快；还有一种是思想悲观，这种管理者在困境中总是如履薄冰，如临深渊。凡是具有这三种表现的管理者在该快乐时快乐不起来，一旦有了问题就更是沮丧和悲哀。这样的管理者还容易犯的一个毛病就是说起话来总是怒气冲天，怨天尤人，这也看不惯，那也不顺眼。对于这类管理者来说，未来是毫无意义的。

　　如果仔细观察便会发现，凡是成功的管理者总有积极乐观的人生态度；而凡是失败的管理者人生态度总是有问题。积极乐观的，目光总是向着明天。遇到困难的时候，管理者总能客观全面地分析问题，既不把责任全推给别人，也不妄自菲薄；既不过分执着，也不会不以为然；在深刻反思中继续努力。

增强信心

　　管理者必须对自己有信心，必须对员工有信心，必须对企业有信心。

　　管理者要学会乐观首先要善于发现优点，善于赞赏优点，从而增强自信心，增加对他人和社会的信心。

　　悲观的管理者往往把缺点看得过多、过重，总是把可能会有更多的缺点假定为现实，再心理暗示为真正的现实，然后对着这种假设出来的现实悲愤忧伤，顾影自怜。这是一种片面性的思维。试想，如果管理者对可能的优点进行合理想象和推测，结果必然是另一番景象。处在逆境中的管理者要学会全面地看问题，多想想优点和希望，要看到前途毕竟是光明的，这样才能摆脱困境，创造功绩。其次要能放得下，想得开。不要钻死胡同，过分执着。

　　有些管理者在没有达到管理目标的时候，会觉得前途一片黑暗，似乎再也走不上光明之路了。之所以会出现这种情况，就在于管理者没有看到还有走上其他道路的可能性。对于管理者来说，不要把对自己的要求定得过于苛刻，在树立目标时应该设立多个目标，特别是条件不太好的人，更应该注意目标的多元化。有了多个目标，就不会因某一目标不能实现而绝望，就始终有成功的可能。管理者必须拿得起放得下，一切都会过去的，一切又都会再来。再次要学会自我满足。知足者常乐。不知足是人进步的动力，但总是没有满足的感觉便是不健康的心态。管理者在很多时候陷入逆境，就是因为对一切不知足。其实管理者完全可以拿现在和自己的过去比，和自己熟悉的人比，必然会发现有很多令自己满意的地方。常常做这些比较的管理者，自然会有一种满足感、一种自豪感，进而产生乐观的理由。

燃烧的激情

　　管理者要创造独特的文化内涵，就必须培养富有激情的员工，建立激情洋溢的企业文化。而这些就需要管理者善于运用各种奖惩制度。

　　管理者必须奖励成就。管理队伍成员有了成就必须给予奖励，这是根据强化原理得出的结论。当成员的工作成绩得到肯定的时候，他往往会更加努力地重复着以前的行动，他认为这样会得到同样的奖励。显然，奖励成就是做正确的事情，但是建立激情燃烧的文化还必须正确地做事情，如何奖励成员的成就并不是每一个管理者都知道的。

　　当今许多管理队伍之所以无效率、无生气，归根到底是由于他们的员工考核体系、奖罚制度出了毛病。对于管理者来说，员工想要什么，就该奖励什么，当然必须在管理者可以奖励的范围之内。很多管理者从来就没有忽视过对员工的奖励，但是常常犯以下一些错误导致奖励并没有起到激励作用。

一是管理者需要有更好的成果，但却去奖励那些看起来最忙、工作得最久的人。

二是管理者要求工作的质量，但却设下不合理的完工期限。

三是管理者希望对问题有治本的答案，但却只奖励治标的方法。

四是管理者光谈员工对公司的忠诚度，却不提供工作保障，而且付最高的薪水给那些闹着要离职的员工。

五是管理者需要事情简单化，却奖励使事情复杂化和制造琐碎的人。

六是管理者要求和谐的工作环境，但却奖励那些最会抱怨而且光说不练的人。

七是管理者需要有创意的人，却不奖励那些敢于特立独行的人。

八是管理者光说要节俭，但却以最大的预算增幅，来奖励那些将他们所有的资源耗得精光的成员。

九是管理者要求成员合作，却奖励管理队伍中的某一成员而牺牲了其他人的利益。

十是管理者需要创新，但却奖励墨守成规的成员。

奖励的三不要

管理者向员工提供奖励，同时要注意以下三个不要：

不要在已经以其他方式奖励了的事情上再实施奖励。如果奖励被认为是因一份工作得到的双重荣誉，它的分量就会减轻。

不要在员工精神状态存在问题的时候开始一项奖励计划。在通常情况下，管理者总是认为奖励会使员工的精神状态有所改变。如果薪酬太低、公司政策不公平、培训缺乏的话，单纯一个奖励计划不会使员工认为部门是理想的工作环境。实际上在这种环境下，奖励看上去似乎像开玩笑，因为它根本无法解决关键的问题。

不要使奖励成为补足薪酬的替代物。有些管理者往往喜欢在大多数人的基础工资水平较低的情况下，对少数人采用大量的现金奖励。他们以为按照比较偏激的想法，对某些人采用现金奖励的方法将会激起其他人获得同样奖励的欲望。这就大错特错了。这种方法自欺欺人，只能暂时将员工的注意力从工资问题上转移，但是如果管理者付的工资很低，还是不可能解决问题。

奖励固然是可贵的，但如果违反了上述的三不要原则，即使再可观的奖励也很难发挥作用。

面对错误，不可姑息养奸

除了奖励之外，管理者还必须学会使用惩罚。

管理者必须惩罚错误，但要注意方法。与奖励相对应的惩罚措施几乎每个企业都有一套，但效果却是千差万别的。如何正确地认识惩罚管理？怎样的惩罚管理才能获得最好的效益？这是很多管理者都感到困惑的问题。一般来说，处罚比奖励对人"刺激"更大。如果管理者给员工加薪100元，员工会很高兴；不久，员工的薪水又被管理者降掉了100元，虽然员工的收入与以前相比没有变化，可这个时候他只剩下对管理者的仇视。

诺贝尔经济学奖获得者卡尼曼通过心理学研究发现了人类决策的不确定性，即人类的决定常常与根据标准的经济理论做出的预测大相径庭。他断言，在可以计算的大多数情况下，人们对所损失东西的价值估计，比得到相同价值时的估价高出两倍。而且，当所得比预期多时，人们会很高兴；而当失去的比预期多时，就会非常愤怒痛苦。所有问题的关键在于这两种情绪是不对称的，人们在失去某物时愤怒痛苦的程度远远超过得到某物时高兴的程度。

管理者往往对那些工作不努力、绩效不佳、迟到早退及不守秩序的员工很头痛，尤其是一些老员工。他们的能力对整个部门而言，可能已经没有太大的价值，但却经常倚老卖老地破坏制度。对于这类员工，不能惩罚过广，而应该典型批评，目的是为了杀鸡儆猴，让老员工有所收敛。

对于管理者来说，如果惩罚用得过多，这也是无能的一种表现，员工会认为管理者除了惩罚以外，没有什么好的管理方法。惩恶扬善是一种好的激励方式，但惩罚滥用就会失去原有的激励作用。

创造一个学习的好氛围

这些年比较火爆的管理概念莫过于学习型组织，对于管理者来说，要创造独特的文化内涵，当然必须在这方面也有所努力。

彼得·圣吉提出学习型组织的概念，是因为看到西方企业在经过高速发展后，进入一个新的阶段，他在如何提升企业竞争力的问题上进行了全方位的思考，尤其是认识到企业管理虽然制度严格，等级规范，但"硬性有余、软性不足"，企业中最重要的因素——人的潜能没有得到有效开发。因此，企业文化、学习型组织等理论应运而生，目的就是充分调动员工的积极性和主动性，把人力作为资源和资本来看待，进行开发和培养，把企业与个人紧密结合起来。此外，企业运营的内外环境日趋复杂，全球化浪潮、信息化冲击，都对企业管理提出了更高的要求，企业必须保持弹性和灵活性，来应对复杂的变化。现代企业面临的不是信息不足的问题，而是信息过多的问题，对众多信息进行筛选、整理、分享和有效利用，成为提升企业竞争力的重要手段。

很显然学习型组织概念提出的初衷是为了提升企业的竞争力，这一概念对于管理同样实用。但是从我国众多企业对学习型组织的认识和实践中，我们众多的管理者照抄照搬了并不符合我国实际的理论。西方企业与中国企业的发展基础和阶段都不一样，人员素质和管理水平差别很大。总的来说，西方企业管理规范、制度严格、人员素质高，而我国的很多企业管理水平和人员素质都不高，还没有建立起系统规范的管理体系，因此，如果一味地照抄照搬并不能带来什么成效。这就要求管理者在建立学习型组织的时候一定要结合自己的实际。

搭好基础管理的平台

建立学习型组织，管理者首先应该打造基础管理平台。学习型组织不是"空中楼阁"，要有自己的骨骼，这就涉及销售部门内部的各种硬性资源的整合。学习型组织对这些资源要素提出了新的要求，比如要求结构扁平化，强调授权与分权；要求流程面向市场和客户等。建立学习型组织的目的是有效提升部门的学习能力，并保证知识的有效利用和传承，因此，必须建立相应的流程和制度，以保证不但能够学习到新的知识，还能够将知识加以保存和有效利用。

其次，要塑造学习的文化和氛围。学习型的组织要有学习型的文化，一是要确定学习的理念和价值观，要把学习与创新作为部门的核心理念进行塑造；二是要求管理者改变过去的管理风格，多与下属进行沟通和交流；三是要建立学习型的团队和相应的激励、约束机制，把学习作为一项工作任务，与考核和薪酬结合起来，这样才会建立真正的学习文化。

最后，要建立学习型组织构建培训和学习体系。韦尔奇就任 GE 总裁之后，在几乎所有的部门削减成本，却唯独对它的培训中心——克罗顿投资 4500 万美元，改善原有的教学设备。韦尔奇的目标是把 GE 建设成非正式的学习组织。管理者一方面要构建完善的培训体系，另一方面还要建立各种制度来维持组织的持续学习，同时还需要建立相应的考核机制，以确保学习的效果。

建立有核心的领导

管理者必须坚决维护权力体系，否则容易陷入垓下之围，遭遇四面楚歌的惨境。马马虎虎的领导当然不难当，难的是当一个合格的、有能力的、有效率的领导。

任何一个企业或组织，为了达到一个共同目的，并保持协调一致、上情下达，几乎都设置有管理者，并不可避免地安排一些下属。这样，就构成了领导与被领导的关系，也就是我们常说的管理者与部属。在这个行为关系中，管理者起的是领导作用。那么，何谓领导？首先必须有追随者；其次要有能够影响他人追求并达到共同目的的思想及行为。这两个条件构成了领导的要素，缺一不可。有领导核心的团队往往能够迅速提高企业的管理效能和管理效率。管理者要建立有核心的领导，就必须从以下方面努力：

一是管理者要对员工表示关心和支持。台湾著名作家李敖说：不理是最大的看不起。如果作为领导的管理者，对你的员工，虽然天天见面，也总是爱理不理，无视他的存在，就会令下属降低工作的积极性，甚至丧失自信心，拉大双方间的距离。因此，经常关心员工、支持员工，给员工以亲切的面容，会令管理者收到意想不到的效果。

二是管理者要对员工表达赞美和鼓励。面对一份报告，管理者如果觉得这份报告很优秀，不妨说："不错！你这篇报告写得准确、全面、详细，有理有据，语言精彩，真的很不错！"如果认为还有不足，管理者可以指出需要修改之处，并说："写得还不错，如果把这些内容加进报告中就会更好。"当员工切身感受到你的赞美，自信心和工作积极性会倍增，工作效果自然也会更好。

不断保持正确的沟通

跨国公司在中国，为了保住员工，做了很多工作，但收效并不大，现在员工的流失率仍然很高，不满意度仍然很高。

　　原因是跨国公司的培训都是正向的培训，有这样的文化，有这样的规章制度，有这样的政策，有这样的行为方式，所有的员工要照做，却缺少了反思性的过程。反思性的培训不仅仅要针对本地的员工，还要针对外籍员工。目前跨国公司里存在的本地员工跟外方员工之间严格的划分，包括身份的划分，还有相对应的工资、薪酬、福利方面的待遇，我们把它称为组织性的分类，造成了中方员工的反感，或者是心理上的不平衡。

　　管理者必须和员工不断地进行沟通。

　　员工首先需要的是方向性，目标要明确。具体的工作目标是什么，要实现什么目标，达到什么质量标准，什么时间完成等。大的方面就是员工的职业发展路径应该明确，员工在这家公司工作会有一个什么职业发展方向。第二点，当所有的目标明确以后，要给他足够的舞台，让他去表现，也就是信任跟授权，然后管理层要给予资源上的支持，包括人力、物力、财力等，这三项决定员工会有什么工作业绩。在员工有一定的业绩以后，要求的是晋升，得到承认。而这种晋升是一种公平的竞争。目前跨国公司缺少公平竞争的机制。不公平性在于，由于中方员工与外方员工所掌握的组织资源上的量的差异与质的差异，导致了中方员工缺少与总部的联系，缺少与决策者的沟通机会，因为他们相互之间没有社交，住的地方不同，买东西的地点不同，消费的场所不同。

铁的纪律是胜利的保证

不少企业管理者在团队建设过程中，过于追求团队的亲和力和人情味，认为"团队之内皆兄弟"，而严明的团队纪律是有碍团结的。这就直接导致了管理制度的不完善，或虽有制度但执行不力，形同虚设。

纪律是胜利的保证，只有做到令行禁止，团队才会战无不胜，否则充其量只是一群乌合之众，稍有挫折就会作鸟兽散。南宋初年的岳家军之所以能成为一支抗金主力，与其一直执行严明的军纪密不可分，以至于在金军中流传着这样一句话："撼山易，撼岳家军难。"另外一个典型的例子就是三国时期的诸葛亮挥泪斩马谡的故事。马谡与诸葛亮于公于私关系都很好，但马谡丢失了战略要地街亭，诸葛亮最后还是按律将其斩首，维护了军心的稳定。

严明的纪律不仅是维护团队整体利益的需要，在保护团队成员的根本利益方面也有着积极的意义。比如说，某个成员没能按期保质地完成某项工作或者是违反了某项具体的规定，但他并没有受到相应的处罚，或是处罚根本无关痛痒。从表面上看，这个团队非常具有亲和力，而事实上，对问题的纵容或失之以宽会使这个成员产生一种"其实也没有什么大不了"的错觉，久而久之，贻患无穷。如果他从一开始就受到严明纪律的约束，及时纠正错误的认识，那么对团队、对他个人都是有益的。GE 的前 CEO 杰克·韦尔奇有这样一个观点：指出谁是团队里最差的成员并不残忍，真正残忍的是对成员存在的问题视而不见，文过饰非，一味充当老好人。宽是害，严是爱。对于这一点，每一个时刻直面竞争的团队都要有足够清醒的认识。

从嫉妒中走出来

嫉妒是一种极想排除或破坏别人的优越地位的心理倾向，它是含有憎恨成分的激烈感情。谈起管理者的嫉妒，所有的人都会认为，它造成内耗，对企业有巨大的破坏力。但是如能把嫉妒心理转化为竞争意识，它是一种巨大的推动力。事实上，生活在社会中的每一个人，包括所有的管理者，都程度不同地存在着嫉妒心理。从某种意义上讲，嫉妒是推动竞争的一种原动力。每一个生活在社会中的正常人，都比较重视别人对自己的评价，都比较注意自己在团体中所处的地位，这是正常的心态。但是如果这种心态过分地被强调，过分地争强好胜，排斥他人，就显得心胸狭窄，就是一种嫉妒。

管理者如果有嫉妒心理，就必须迅速进行自我调节，否则长久下去，会在自觉或者不自觉中表现出挑衅的行为，最后将破坏与下属的和谐关系。管理者可以从以下方面来努力：

一是开阔胸怀，以大雅的态度待人处事。生活中，成为情感的主人，消除可能致疾的一切隐患，从病态的自卑、自责、自狂、自我崇拜中解放出来。在承认竞争者的优点、承认差距的同时，重新认识自己、发现自己和创造自己。这样管理者才能从嫉妒中突围出来，在生活中心平气和，心安理得。

二是充实生活，用知识丰富自己。一个为奋斗目标而生活得紧张而有节奏的人，是没有空闲去嫉妒别人的。因为这样的管理者生活的目的不是抓住死死地别人不放，而是不断地超越自己、战胜自己。

三是自我反省，从痛苦中觉醒。当人们用赞赏的目光注视着员工时，管理者应该自我反省一下，自己是否在用充满愤怒的眼睛看着别人。如果能够意识到自己在嫉妒，管理者就有勇气让自己突围。

竞争！竞争！永远记住竞争！

管理者要不断克服自己的嫉妒心理，就必须不断地培养自己的竞争意识。因为嫉妒心理和竞争意识在本质上是相同的，都是为了得到别人和社会对自己的认同。要培养竞争意识必须做到以下两点：

一是从观念上转变。把嫉妒心理转化为竞争意识，实质就是把消极的心态转化为积极的心态。而积极的心理状态能使你获得人生最有价值的东西，它能帮助你走在竞争者的前面，能把不可能的事变成现实。对于那些具有积极心态的人来说，挫折或失败是他获得更大成功的阶梯。

二是从目标上升华。升华作用是一种正常对抗本能欲望，也是最有建设性的心理防御机制。人生最要紧的是选择自己前进的目标，并且坚持不懈地努力奋斗去实现目标。目标的选择要贯彻扬长避短的原则。社会是多元的，七十二行行行出状元，条条道路都通向成才。因此，要想建功立业，不必去争夺那一时的荣耀，要把成功当成最伟大的功勋。

管理者增强员工竞争意识能让员工从根本上认识到自己真正的潜能，进而发挥出来；也能让员工从根本上认识到自己与他人的差距，进而想办法弥补。

让员工都看到希望

潘多拉是希腊神话故事中的人物，火神普罗米修司的妻子，拥有世人艳羡的美貌，同时具有人的弱点。众神之神宙斯命令她保管一个神秘的盒子，并且绝对不许打开。但好奇的潘多拉总想一探盒中究竟，于是她打开了盒子。一瞬间，天昏地暗，打开的盒子里飞出的都是破坏世间幸福的东西：疾病、瘟疫、灾祸、战争……惊恐的潘多拉慌忙盖上盒子，可是已经太迟了，盒子里只剩下了一样东西，那就是希望。

管理者不管遇到任何挫折，都永远不要放弃，要相信永远都有希望，而且要让管理队伍的每一个成员都看到希望。

1969 年 7 月 20 日，美国太空船——阿波罗 11 号成功登陆月球，创下人类历史上具有划时代意义的伟大壮举。在此之前，登陆月球只是人类的梦想而已。需要指出的是，这项举世瞩目的阿波罗计划，是从 1960 年美国总统肯尼迪的声明开始的。当时肯尼迪总统向世界宣告，至 60 年代末，美国一定要把人类送上月球，从而使人们看到了登上月球的希望。有了希望就有目标，就容易导致各种资源向着希望和目标集中，就容易实现希望。

不断提出适合企业发展的目标，让员工对未来充满希望，是松下幸之助先生的重要经营谋略。松下担任社长时，常找机会向员工畅谈自己对未来的设想。1955 年他宣布了"五年计划"，计划用五年的时间，使松下电器公司效益从 220 亿元增加至 800 亿元。这种做法不但让员工看到了光明的前景，也震惊了整个企业界。松下明知道实现这一目标的难度比较大，但是他仍然果断地发表了它。一方面是为了让员工有坚定的目标与希望，另一方面是由于他确信这是经营者的必备素质和应有做法。

个人利益不容忽视

管理者不要过分强调团队的利益，而要注重强调员工的个人利益。

团队首先是一个集体，由"集体利益高于一切"这个被普遍认可的价值取向，自然而然地可以衍生出"团队利益高于一切"这个论断。但是，在一个团队里过分推崇和强调"团队利益高于一切"，可能会导致两方面的弊端。

一方面是极易滋生小团体主义。团队利益对其成员而言是整体利益，而对整个企业来说，又是局部利益。过分强调团队利益，处处从维护团队自身利益的角度出发，常常会打破企业内部固有的利益均衡，侵害其他团队乃至企业整体的利益，从而造成团队与团队、团队与企业之间的价值目标错位，最终影响到企业战略目标的实现。

另一方面，过分强调团队利益容易导致个体的应得利益被忽视和践踏。如果只一味地强调团队利益，就会出现"假维护团队利益之名，行损害个体利益之实"的情况。目前在团队内部，利益驱动仍是推动团队运转的一个重要机制。作为团队的组成部分，如果个体的应得利益长期被漠视甚至侵害，那么他们的积极性和创造性无疑会遭受重创，从而影响到整个团队的竞争力和战斗力，团队的总体利益也会因此受损。团队的价值是由团队全体成员共同创造的，团队个体的应得利益应该也必须得到维护，否则团队原有的凝聚力就会分化成离心力。所以，不恰当地过分强调团队利益，反而会导致团队利益的完全丧失。

引入竞争机制

团队精神在很大程度上是为了适应竞争的需要而出现并不断强化

的。这里提及的竞争，往往很自然地被我们理解为与外部的竞争。事实上，团队内部同样也需要竞争。

在团队内部引入竞争机制，有利于打破另一种形式的大锅饭。如果一个团队内部没有竞争，在开始的时候，团队成员也许会凭着一股激情努力工作，但时间一长，他发现无论是干多干少，干好干坏，结果都是一样的，每一个成员都享受同等的待遇，那么他的热情就会减退，在失望、消沉后最终也会选择以"做一天和尚撞一天钟"的方式来混日子，这其实就是一种披上团队外衣的大锅饭。通过引入竞争机制，实行赏勤罚懒，赏优罚劣，打破这种看似平等实为压制的利益格局，团队成员的主动性、创造性才会得到充分发挥，团队才能长期保持活力。

在团队内部引入竞争机制，有利于团队结构的进一步优化。团队在组建之初，对其成员的特长优势未必完全了解，分配任务时自然也就不可能做到才尽其用。引入竞争机制，一方面可以在内部形成"学、赶、超"的积极氛围，推动每个成员不断自我提高；另一方面，通过竞争的筛选，可以发现哪些人更能适应哪项工作，保留最好的，剔除最弱的，从而实现团队结构的最优配置，激发团队的最大潜能。

精准
管理

第八章

满意的员工才有执行力

以爱为凝聚力的公司比靠畏惧维系
的公司要稳固得多。

——赫伯·凯莱赫

满意的员工才是最好的员工

无论在理论界还是实践中，"顾客永远是对的"一直作为企业恪守的一条金科玉律，指导着企业的人力资源发展战略和企业服务营销战略。也正是在这一理论的指导下，企业满足了顾客的真实需求，从而取得了长远发展。

但员工和顾客，孰轻孰重？又该如何权衡？从因果关系的辩证观点来看，顾客满意应该是员工满意的最终结果。

在顾客满意、员工满意、股东满意构成的系统三角形中，顾客满意是最重要的，这是亘古不变的。而如何实现顾客满意呢？员工满意才是关键。只有企业实施一些措施和制度让员工满意以后，员工才可能向顾客提供满意的服务，才会取得一定的商业利润，最终让股东满意，实现企业的长足发展。

对于某些管理者来说，在企业的实际运作中，他们一直强调要为消费者提供最满意的服务，服务手册、企业理念里面都不知提到过多少次了，但最终的执行效果并不怎么样。管理者必须有这样一个基本的常识：对消费者的服务、对消费者的关心最终还得企业中活生生的人去实现。

怎样才能让员工满意？很多管理者认为让员工的收入稳定、让员工有归属感、提供可以成长和发展的机会和舞台，就可以让员工满意。诚然，有很多企业也正是从员工的切身利益出发，构建了企业稳固的人力资源团队和机制。

许多管理者对公司内部员工和消费者的认识存在一定偏差：他们认为企业员工应该为企业服务、为消费者服务，这是一种责任和义务。但人总是难逃自己的个人理想情结，在与企业的各种不利于自己利益的制度和规则的博弈当中，他们会本能地偏向自己的利益。

员工是有需求的

需求层次论是研究人的需求结构的一种理论，由美国心理学家马斯洛首创。他在 1943 年发表的《人类动机理论》一书中提出了需求层次论。这种理论的构成根据三个基本假设：首先人要生存，他的需求能够影响他的行为，只有未满足的需求能够影响行为，满足了的需求不能充当激励工具；其次人的需求按重要性和层次性排成一定的次序，从基本的到复杂的；最后当人们某一级的需求得到最低限度满足后，才会追求高一级的需求，如此逐级上升，成为推动继续努力的内在动力。马斯洛把需求分为了以下五个层次：

第一层次是生理需求，是个人生存的基本需求。如吃、喝、住。

第二层次是安全需求，包括心理上与物质上的安全保障，如不受盗窃和威胁，预防危险事故，职业有保障等。

第三层次是社交需求，人是社会的一员，需要友谊和群体的归属感，人际交往需要彼此同情互助和赞许。

第四层次是尊重需求，包括别人的尊重和自己内在的自尊心。

第五层次是自我实现需求，是指通过自己的努力，实现自己对生活的期望，从而对生活和工作真正感到很有意义。

马斯洛的需求层次论认为，需求是人类内在的、天生的、下意识存在的，而且是按先后顺序发展的，满足了的需求不再是激励因素等。

几乎所有的书籍都这样介绍马斯洛的需求层次论，但是，这实际上存在一定的不完整。马斯洛本人的著作中对需求层次论做了更多的探讨。除了广为人知的以上五种需求外，马斯洛还详细说明了认知和理解的需求、审美需求在人身上的客观存在，但是他也说明，这些需求不能放在基本需求层次之中。

管理者需要了解需求层次学说，以便更好地管理员工。

工资上的考虑

虽然现在的员工已经由"经济人"向"社会人"转变，但是经济仍然是员工生存的基础，工资是员工衡量自己价值的尺度。管理者必须在工资上为员工考虑：

首先，为员工提供有竞争力的薪酬，使他们一进门便珍惜这份工作，竭尽全力，把自己的本领都使出来。支付最高工资的企业最能吸引并且留住人才，尤其是那些出类拔萃的员工。这对于行业内的领先公司，尤其必要。较高的报酬会带来更高的满意度，与之而来的还有较低的离职率。一个结构合理、管理良好的绩效付酬制度，能留住优秀的员工，淘汰表现较差的员工。

其次，把收入和技能挂钩。建立个人技能评估制度，以雇员的能力为基础确定其薪水，工资标准由技能最低直到最高划分出不同级别。基于技能的制度能在调换岗位和引入新技术方面带来较大的灵活性，当员工证明自己能够胜任更高一级工作时，他们所获的报酬也会顺理成章地提高。此外，基于技能的薪资制度还改变了管理的导向，实行按技能付酬后，管理的重点变为指派任务使其与岗位级别一致。

再次，增强沟通交流。现在许多公司采用秘密工资制，提薪或奖金发放不公开，使得员工很难判断在报酬与绩效之间是否存在着联系。人们既看不到别人的报酬，也不了解自己对公司的贡献价值，这样自然会削弱制度的激励和满足功能，封闭式制度会让人们觉得不平等。而平等，是实现报酬制度满足与激励机制的重要成分之一。

最后，让员工参与报酬制度的设计与管理。与没有员工参加的绩效付酬制度相比，让员工参与报酬制度的设计与管理常令人满意且能长期有效。员工对报酬制度设计与管理的参与，无疑有助于一种更适合员工的需要和更符合实际的报酬制度的形成。

好的工作环境

能否留住人才是一个企业成败的关键，而良好的工作环境是留住人才的关键。

这里所说的"工作环境"，是"硬件"和"软件"两个方面的综合。"硬件"包括物质报酬、办公设施等，惠普的观点是，良好的办公环境一方面能提高工作效率，另一方面能确保员工们的健康，使他们即使在较大压力下也能保持健康平衡。

惠普公司作为全球著名企业，一直都在倡导"以人为本"的办公设计理念，对办公桌、办公椅是否符合"人性化"和"健康"原则进行严格核查。惠普在每天上午或下午设立专门的休息时间，员工可以放轻松音乐来调节身心，或者利用健身房或按摩椅"释放自己"。

相对"硬件"而言，惠普更重视"软件环境"的建设。作为一家顶级的跨国企业，惠普有着悠久、成熟的企业文化。

惠普公司的管理者遵奉这样一个原则："相信任何人都会追求完美和创造性，只要给予适合的环境，他们一定能成功。"

本着这个信念，惠普着力营造轻松和谐的工作氛围，充分信任和尊重员工，让他们时刻保持良好的心情，充分发挥才能和想象力。人力资源部在这方面起了很大作用，它不但注意协调公司内部的人际关系，还专门开设了各种各样的课程，免费为员工进行培训。

管理者要想员工为企业更好地工作，就必须为员工营造良好的坏境，让员工处在这样的环境中，身心都能够得到放松，以发挥自己最大的潜能。

员工满意度调查

管理者必须经常进行员工满意度调查，员工满意度调查是一种科学的管理工具，它通常以调查问卷等形式，收集员工对企业各个方面的满意程度。一个成功的员工满意度调查通常有如下几个功能：

一是通过"员工满意度调查"这个行为，企业表示对员工的重视；

二是搭建一个新的沟通平台，为更多真实的信息铺设一个反馈的渠道；

三是系统、有重点地了解员工对企业各个方面的满意程度和意见；

四是明确企业最需要解决的相关问题即管理的重点。

企业在知道员工满意度调查的诸多功能后，常常抱着非常高的期望在企业中开展"员工满意度"调查，然而事实上结果却常常事与愿违，出现了很多难以预料的情况。

那么到底出现了什么问题呢？又是什么原因造成了这种问题的呢？

首先是面对大量的数据不知所措。管理者常常收上来了反映员工满意度的厚厚一摞问卷，但面对如此繁多的数据陷入尴尬。如果对这些数据不处理或是简单处理，就失去了员工满意度调查的真实作用，不如找几个员工推心置腹地谈谈话；但是如果处理，光录入就可能让管理者忙得焦头烂额，录入后如何进行统计和分析又给管理者出了个难题。

其次是看着失真的信息百思不解。当问卷收上来后，人力资源部门的人员常常会惊奇地发现，收上来的员工满意度调查的数据和现实状况差距很大，比如说一个员工明明常常抱怨企业的加班制度，但是在问卷中他却填非常满意。企业进行员工满意度调查的初衷就是想通过这种方法，弥补日常沟通时的不足，得到更多员工没有说出但最想说的话。但是很多失真的信息，常常让企业管理者和人力资源部门工作人员很泄气。

因此，对于管理者来说，进行员工满意度调查首先就应该确定调查的可行性。

弄清楚激励的因素

管理者要激励员工，首先就必须弄清楚哪些因素能够真正起到激励作用。

在管理科学史上，美国的行为科学家弗雷德里克·赫茨伯格提出的激励因素——保健因素理论是值得管理者认真学习的。这一理论又叫双因素理论。

20 世纪 50 年代末期，赫茨伯格和他的助手们在美国匹兹堡地区对 200 名工程师、会计师进行了调查访问。访问主要围绕两个问题：在工作中，哪些事项是让他们感到满意的，并估计这种积极情绪能持续多长时间；又有哪些事项是让他们感到不满意的，并估计这种消极情绪持续多长时间。赫茨伯格发现，使职工感到满意的都是属于工作本身或工作内容方面的；使职工感到不满的，都是属于工作环境或工作关系方面的。他把前者叫作激励因素，后者叫作保健因素。

保健因素的满足对职工产生的效果类似于卫生保健对身体所起的作用。保健从人的环境中消除有害于健康的事物，它不能直接提高健康水平，但有预防疾病的效果；它不是治疗性的，而是预防性的。保健因素包括公司政策、管理措施、监督措施、人际关系、物质工作条件、工资、福利等。

那些能带来积极态度、满意和激励作用的因素就叫作"激励因素"。这是那些能满足个人自我实现需要的因素，包括成就、赏识、挑战性的工作、增加的工作责任，以及成长和发展的机会。如果这些因素具备了，就能对人们产生更大的激励。

赫茨伯格和他的助手们又对各种专业性和非专业性的工业组织进行了多次调查。他们发现，由于调查对象和条件的不同，各种因素的归属有些差别，但总的来看，激励因素基本上属于工作本身或工作内容，保健因素基本属于工作环境和工作关系。

重视团队建设

随着社会分工越来越细化，个人单打独斗的时代已经结束。团队合作提到了管理的前台，团队作为一种先进的组织形态，越来越受到企业的重视，许多企业已经从理念、方法等管理层面进行团队建设。以下几种情况的出现在团队建设中发了隐密的危险信号，容易蒙蔽团队管理者的眼睛，如果不引起管理层的重视，团队建设将会前功尽弃。

因此，管理者对员工进行管理必须重视团队建设。团队建设需要管理者从三个方面努力：

一是提防精神离职。精神离职是在企业团队中普遍存在的问题。其特征为工作不在状态，对本质工作不够深入，团队内部不愿意协作，行动较为迟缓，工作期间无所事事，基本上在无工作状态下结束一天的工作。精神离职产生的原因大多是个人目标与团队远景不一致产生的，也有工作压力、情绪等方面原因。

二是控制超级业务员。个体差异导致了超级业务员的出现，其特征为个人能力强大，能独当一面，在团队中常常以绝对的业绩遥遥领先于团队其他成员，组织纪律散漫，好大喜功，目空一切，自身又经常定位于团队功臣之列。超级业务员的工作能力是任何团队所需要的，但管理者必须对超级业务员进行控制，避免其瓦解团队的核心。

三是瓦解团队中的非正式组织。团队是全体成员认可的正式组织。非正式组织短期内能够很好地进行日常工作，提高团队精神，调和人际关系，实施假想的人性化管理，在团队发展过程中，基本上向有利于团队的方向发展。但长期而言，非正式组织会降低管理的有效性，致使工作效率低下，优秀团队成员流失。管理者必须瓦解团队中的各种非正式组织，让所有的员工都融入企业的工作中来。

人性的假设

管理者要想激励员工，首先必须了解人性假设的知识。

在西方管理学史上，有四种关于人性的假设：

第一是经济人假设。经济人假设认为，人是经济的产物，人的一切活动都是为了获得经济报酬和物质生活的满足。经济人假设的思想对应于麦格雷戈"X理论"，即：首先一般人对工作具有天生的厌恶，只要有可能，便会逃避工作；其次由于人类具有不喜欢工作的恶性，故必须予以大数人强制、控制督导，给予惩罚，才能迫使他们朝向组织目标而努力；最后一般人愿意受人指责，不愿承担责任，志向不大，但求生活的安定。

第二是社会人假设。这种假设认为，人是社会关系的产物，人在社会主流中追求人际关系的和谐，注重心理和情感的满足，并为此而付出个人的努力。

第三种是自我实现人假设。这种假设认为，人们力求最大限度地将自己的潜能充分发挥出来，只有在工作中将自己的才能表现出来，人才会感到最大的满足。自我实现人假设的思想对应于麦格雷戈的"Y理论"，即：首先，人在工作中消耗体力和智力，是极其自然的事，如同休息和游戏一般；其次，控制和惩罚并非是唯一方法，一般人能自我督导和自我控制；再次，只要情况合适，一般人不仅学会承担责任，还会寻求责任；最后，在现代社会经济技术条件下，一般人的潜能只发挥出一部分。

第四种是复杂人假设。这种假设认为，人是很复杂的，人的需要与潜在欲望是多种多样的，而这些需要的内容和结构也不断地随人的年龄和发展阶段的变化而变化，并因人的境遇差异而不同。

增强大家的归属感

IBM 前任总裁曾说过："你可以夺取我的财富，烧掉我的工厂，但只要你把我的员工留下，我就可以重建一个 IBM！"这就不难解释为什么众多管理者处心积虑地留住公司人才，且利用一切机会网罗公司外部人才。

管理者必须加强培养员工的归属感。

　　员工的归属感首先来自待遇，具体体现在员工的工资和福利上。衣食住行是人生存最基本的需求，买房、买车、购置日常物品、休闲等都需要金钱，这都依靠员工在公司取得的工资和福利来实现。在收入上让每个员工满意是一项比较艰难的事情，但是待遇要能满足员工最基本的生活需求才能在最基本的层面上留住人才。因此，待遇在人才管理中只是一个保健因素，而不是人才留与走的激励因素。

　　个人的期望是赋予员工归属感的重要内容。每个人都会考虑自己在企业中的位置与价值，更注重自己未来价值的提升和发展。个人价值包括技术能力、管理能力、业务能力、基本素质、交涉能力等，管理者提供机会帮助员工增强以上能力，是企业增强魅力、吸引人才的重要手段。

　　增强员工归属感还需要特别注重每个员工的兴趣。兴趣是最好的老师，有兴趣才能自觉自愿地去学习，这样才能做好自己想做的事情。作为管理者应该尽可能考虑员工的兴趣和特长所在。擅长搞管理的，尽可能去挖掘、培养他的管理能力，并适当提供管理机会；喜欢钻研技术的，不要让其去做管理工作。

　　让员工感觉到个人的重要性是归属感营造中的重要内容。任何人都希望让别人喜欢他，让别人认可他，让别人信服他，让别人觉得他重要。

增加情感互动的内容

在当今企业中，管理者应该以全新方式看待自己的员工，视每位员工为具有无限潜力的人才。

事实表明，由情感投入的员工所组成的团队，往往能获得杰出的成就。而且，当顾客感到你的员工用热忱与真诚对待他们时，他们一定也会以相同的情感回应。这种员工与顾客之间的情感投入和情感互动，会变成企业持续成长的因素。

人无完人，任何人都有优缺点。与其徒劳地矫正员工的缺点，不如重视发掘与善用他们的优点。研究表明：人类通常有 24 种情绪天赋，这些天赋通过人的思维、感觉与行为体现出来。对这些天赋进行分类，可以帮助管理者深入了解员工，并善用他们的长处。比如，有容易赢得他人信任的"领导者"，有擅长把枯燥的主题都表达得生动有趣的"沟通者"，有习惯与人比较的"竞争者"，有能预感冲突并化解纠纷的"和谐者"，也有能了解他人，具备"换位"思维的员工。

越来越多的管理者意识到，懂得欣赏和运用员工的天赋，是提高员工绩效的关键。一个高级人才不只具备一项天赋，比如，客户代表至少要有"沟通"和"换位"思维的天赋。

了解某个职位应具备哪些天赋的最好方法是细心观察高绩效者：首先找出促使其具有高度热情的原因，密切观察他如何建立关系，其次留意他们对别人的影响，最后请教他们如何处理信息，如何形成对工作的相关意见。

管理者需要和员工情感上形成互动，这样才能够使管理获得最优的成绩。

做好企业中的危机管理

随着现代经济社会的发展和企业经营环境的变化，企业无法避免随时都可能发生的危机。但是很多企业往往缺乏危机意识，总要到危机发生后，才寻求解决之道，抱着兵来将挡、水来土掩的心态来面对危机。管理者在进行企业管理的时候，必须认真学习如何进行危机管理。

一般来说，危机管理分为三个层次：

第一个层次是事前预防。危机管理成功与否在于事前准备功夫是否完善。面对危机，不能坐以待毙，应该在危机发生之前，做好充分的准备工作，对各种可能发生的危机做到通盘考虑，才能从容不迫地应变。企业应该一年至少有一次仿真训练。例如设计一个突发状况来测试危机处理小组的应变能力，事前完全采取保密措施，让公司花半天到一天的时间来练习，之后再检讨过程中有无疏失。仿真演练可以让员工在面对危机时，有经验可循，才能临危不乱、从容应变。

第二个层次是危机控制。在危机降临时，要在第一时间查出原因，找准危机的根源，并尽快将真相公之于众。同时要及时转变战略，展示拯救危机的决心。在危机处理时，要立即调查情况、制订计划以控制事态的发展，启动危机处理小组对危机的状况做一个全面的分析。一旦找出危机产生的原因，就必须立刻制定相应的对策。

第三个层次是善后处理。危机是每个企业都不愿面对的事，但是在发生后，如果刻意隐瞒或消极对待，危机对企业的发展将是致命的。因此当危机不幸来临时，千万不要只是怨天尤人，而应诚意面对问题，找寻适当解决方案，才能借此将危机化为转机。

对员工三尊重

管理者要激励员工首先就必须尊重员工。尊重员工基本上可以分为三个层次：

第一个层次是尊重员工的人格。任何人都有被尊重的需要。员工人格一旦受到尊重，往往会产生比金钱激励大得多的激励效果。让员工感觉到自己人格受到了很大的尊重，自然能够提高其行动的效率。

第二个层次是尊重员工的意见。员工参与程度越深，其积极性越高。尊重员工的意见，就是要员工自己做出承诺并且努力地实现承诺。在某些企业管理中，让员工自己做出承诺并尊重这种承诺的机会太少，这种现状的直接后果是：员工对组织提出的宏伟目标没有亲和力，事不关己、高高挂起，管理者豪言壮语，员工置若罔闻。尊重员工的意见，就是要让员工自己管理自己，自己做自己的主人，充分发挥参与式管理的作用，利用团队建设，实现团队的沟通与互动，提高组织效率。

第三个层次是尊重员工的发展需要。任何员工的工作行为不仅仅只是为了追求金钱，同时还在追求个人的成长与发展，以满足其自尊与自我实现的需要。很多人都有自己的职业计划，在自己的职业生涯中有意识地确定目标并努力追求目标的实现，企业应该了解员工的职业计划，并通过相应的人力资源政策帮助员工达成自己的职业计划，使之有助于企业目标的达成。管理者应该为员工设计职业发展、职业援助计划，通过员工职业目标上的努力，谋求企业的持续发展；帮助员工完成自我定位，克服在完成职业目标过程中遇到的挫折，鼓励员工将个人职业目标同企业目标统一起来。

管理者应该更多地为员工的个人发展提供机会，努力提高员工受雇的能力，而不是努力保证员工雇用。

减轻员工的压力

管理者要激励员工首先必须减轻员工压力，而要减轻员工压力，首先应了解员工的压力及其来源。

联合国国际劳工组织发表的一份调查报告认为："心理压抑将成为

21世纪最严重的健康问题之一。"众多管理者已日益关注工作情景中的员工压力及其管理问题。因为工作中过度的压力会使员工个人和企业都蒙受巨大的损失。据美国一些研究者调查，每年因员工心理压抑，美国公司经济损失高达3050亿美元，超过500家大公司税后利润的5倍。

所谓压力，是指个体对某一没有足够能力应对的重要情景的情绪与生理紧张反应。企业领导者和管理者应敏感地觉察、注意到自己及下属身上的种种压力信号，综合考察各方面压力源，若发现确实存在过度压力，则应及时采取压力管理、压力控制等措施以防微杜渐。

企业管理者必须弄清楚导致员工压力的起因即压力源。压力源从形式上可分为工作压力源、生活压力源和社会压力源三种。

首先是工作压力源。引起工作压力的因素主要有工作特性、员工在组织中的角色、事业生涯开发、人际关系、工作与家庭的冲突和组织变革等。

其次是生活压力源。美国著名精神病学家赫姆斯列出了43种生活危机事件，按对压力影响程度主要有配偶死亡、离婚、夫妻分居、拘禁、家庭成员死亡、外伤或生病、结婚、解雇、复婚、退休等。可见，生活中的每一件事情都可能会成为生活压力源。管理者必须关心员工的生活，及时排解员工生活上的过度压力。

最后是社会压力源。每位员工都是社会的一员，自然会感受到社会的压力。社会压力源诸如社会地位、经济实力、生活条件、财务问题、住房问题等。管理者需要为员工提供一种归属感和安全保障，以排解社会压力。

给员工减压的三个方面

企业管理者应充分关心、关注、调查、分析员工体会到的压力源及其类型，从组织层面上拟定并实施各种压力减轻计划，有效管理、减轻员工压力。

首先要改善组织的工作环境和条件，减轻或消除工作条件恶劣给员工带来的压力。管理者力求创造高效率的工作环境并严格控制打扰。如关注噪声、光线、舒适、整洁、装饰等方面，给员工提供一个赏心悦目的工作空间，有利于达到员工与工作环境相适应，提高员工的安全感和舒适感，减轻压力。同时要确保员工拥有做好工作的良好工具、设备，如及时更新陈旧的电脑、复印机、传真机等。

其次要从企业文化氛围上鼓励并帮助员工提高心理保健能力，学会缓解压力、自我放松。管理者应该向员工提供压力管理的信息、知识。企业可为员工订一些关于保持心理健康与卫生的报纸、杂志，让员工免费阅读。当然还可开设宣传专栏，普及员工的心理健康知识，有条件的企业还可开设关于压力管理的课程或定期邀请专家做讲座、报告。同时管理者可以向员工提供保健或健康项目，鼓励员工养成良好的、健康的生活方式。如有些企业建立了专门的保健室，向员工提供各种锻炼、放松设备，让员工免费使用。

最后是从组织制度、程序上帮助减轻员工压力，加强过程管理。这要求管理者注意人力资源的特点，选拔与工作要求相符合的员工，力求避免员工上岗后因无法胜任工作而产生巨大心理压力现象。同时管理者还应该力求人与事的最佳配置，并清楚地定义在该岗位上员工的角色、职责、任务，这样可减轻因角色模糊、角色冲突等引起的心理压力。当然管理者也应该帮助员工改善思维，抛弃不切实际的、期望值太高的目标，而建立现实客观的发展目标。

充分了解员工

管理者要想留住员工，激励员工，必须充分了解员工。而管理者充分了解员工要从以下三个方面努力：

首先要了解员工的需求。根据《劳动杂志》的调查，决定员工去留的因素，有94%是工作责任，89%选择薪水，85%选择公司文化和价值观的因素。可见在留住人才方面，无形关系的重要性，已逐渐超越高薪的吸引力。而众多的管理者还是将高薪作为留住人才的基本手段，显然是没有真正了解员工的需求。

其次管理者要创造良好的工作环境，与员工建立友善的关系，养成互相尊敬的工作气氛，甚至在企业内形成社群，这些都可以增加员工的忠诚度。同时根据员工的不同特质，给他们不同的任务，往往能够使员工更有效率地工作。

最后是要和员工多沟通。平时多了解员工的意见，拉近彼此的差距。宁可平日多和员工面谈，也不要等到员工想离职的时候，再花时间进行离职面谈。然而，光是倾听员工的想法还不够，管理者必须比员工更了解员工，了解员工深藏的兴趣，才能赢得人才。其实许多重要的信息，都隐藏在日常的管理中，需要管理者与员工沟通时能多加留意，例如询问员工最喜欢做的工作是哪一部分，最近有什么挑战与困难，然后主动帮助员工，找出更适合员工的工作，帮助员工做好生涯规划。

聆听员工建议

作为管理者，应该常常和员工个别谈话，以实现和员工的良好沟通。

管理者必须学会聆听，聆听在管理沟通中只是个小细节。但是管理者和员工沟通的小细节，会影响到员工对管理者以及工作的想法。通常员工会从管理者和他们的沟通中寻找蛛丝马迹。他们很注意管理者说了什么，以及没说什么。他们也很在意管理者的聆听能力，以及他们关心员工的程度。管理者疏忽的一些小细节，会成为和员工沟通的致命伤。在聆听方面，致命伤有四种：

第一种是听而不闻。员工在意的不是管理者听到了多少，而是管理者听进了多少。如果管理者没有真心聆听员工所说的话，员工会觉得管理者根本不在乎他们，他们也会变得不在乎管理者或管理者所说的话。如此一来，便形成了沟通上的恶性循环。

第二种是先说再听。当员工有了问题时，很多管理者会把员工找来，把自己的想法告诉他，并且批示他应该如何解决这个问题。在这种情况下，该员工很可能会觉得自己被特别警告，所以他会变得有防御心，对管理者的要求产生敌意。

第三种是对牛弹琴。不论说话的人是管理者或是员工，听话的一方不一定能接收到正确的信息。为了避免产生误解，当员工在说话时，管理者除了仔细聆听外，也要简单复述已经听到的部分，以确定没有听错员工的意思。这么做也可以让员工知道，管理者真的在乎他们的谈话。

第四种是一心二用。如果管理者在和员工谈话时，一边还在看电子邮件或做其他琐事，员工会觉得他们不受重视。而且因为管理者心不在焉，员工可能要花比较长的时间来传达想法。

让员工更敬业

管理者激励员工，让员工更加敬业，需要从以下五个方面努力：

一是规划员工的职业生涯发展。为每一个员工规划职业生涯，让每一个员工都看到自己的成长方向和成长空间，从而调动员工的积极性，是提高员工敬业度的最佳途径。在2003年中国最佳雇主UT斯达康公司，员工可以申请自己有兴趣并认为有能力胜任的空缺职位，而在同等条件下公司会优先考虑内部员工的申请。这一制度使员工有机会从事自己感兴趣的工作，从而能有效地调动员工的积极性和主观能动性。

二是以职业发展为导向的培训。重视通过有效培训提升员工的职业安全感和工作能力，开发员工潜能，这是人力资源管理的方向。在最佳雇主的公司中，员工所得到的平均培训时间达45小时，高于一般公司5个小时；最佳雇主在开发和培训员工方面的投资达890美元/人，一般公司只有421美元/人。

三是公平公正的薪酬体系。影响员工敬业度另外一个重要潜在因素是很现实的薪酬待遇。在员工看来，如果公司的薪酬和福利与行业中的其他公司相比较并不是很有竞争力，那么，员工之所以会在公司工作，可能是因为他们看好公司其他方面的因素，如学习、培训机会和工作环境。但是随着他们工作能力的提升，他们一旦有机会找到待遇更好的工作，就很可能会跳槽。

四是选拔和培养优秀的管理者。盖洛普通过调查20多万名经理和300多万名员工，发现优秀组织开发和释放员工的巨大能量的途径在于选拔和培养优秀的管理者。

五是营造以人为本、追求卓越的企业文化。对于员工来说，当工资标准达到一定程度后，薪酬对他们的激励作用就越来越小了，这时候，企业文化就显得越来越重要。

巧妙运用薪酬外的激励手段

管理者激励员工不仅可以通过薪酬来实现，而且可以通过一些薪酬外的手段来实现。以下是三种不增加薪酬前提下的激励方法：

一是增加员工参与公司事务的机会。员工是企业的一线情报员，他们最清楚客户的需求和不满。他们的建议和意见会提高客户服务的质量，因此要努力增加员工参与公司事务的机会。员工参与公司事务不但可以为公司带来好的改善思路，而且还可以及时发泄出自己的不满，增强他们的成就感和归属感。比较重要的决策事务也可以选举员工代表参加，这样会避免决策的片面性。

二是加强与员工的沟通。每个人都希望得到别人的理解，尤其是上级的理解。管理者要时刻注意员工的情绪变化，多与员工交流工作、生活等问题，及时帮助他们解决生活和工作中的问题。八小时之内与员工一起研究工作思路，传授解决问题的方法，帮助他们提高效率；八小时之外多与员工交流生活和观点，使你成为他们的朋友。有时即便你无法解决他们的实际问题，但只要你让他们感受到你对他们的关心，员工也会对上司心存感激。与员工沟通会增强员工对企业的安全感和归属感。

三是给员工更大的责任和权利。员工一般都希望在企业获得更大的发展空间，来体现自己的个人价值。每个人都觉得自己能做更大的事情，这不单是物质回报的需要，也是心理回报的需要。对于比较积极的员工要赋予他们更多的责任和权利，让他们从自己的工作中获得快乐，否则会影响他们的工作热情，严重者会导致有能力的员工另谋高就。

第九章　DAILING YUANGONG XINGDONG
带领员工行动

管理就是把复杂的问题简单化，混乱的事情规范化。

——杰克·韦尔奇

管理者需要带领员工行动

一语不能践，万卷徒空虚。管理者需要带领员工行动。成功者通常都是马上行动，而失败者却是明天再做，后天再做。很多管理者都希望自己能用最简单、最省力、最少的时间，得到最大的成功。他们往往不愿意努力工作，而沉湎于幻想之中。

一个真正的管理者需要的不是宣言，而是行动。管理者必须行动起来，否则所有的管理宣言都在不行动中腐烂掉，管理者也无法得到员工的跟随。

管理者必须有信念，有信念管理者就年轻。行为是心境的反映。如果你曾成功过，那么动用与当时相同的心理和生理状况，就可再成功。

对于管理者来说，要解除工作的紧张压力，就要把工作当成游戏来对待，就要主动地去采取行动。不管做什么事，一定要快乐，一定要享受过程。把工作视为游戏，工作会其乐无穷。

管理者必须强迫自己采取热忱的行动。深入发掘你的工作——热忱，研究它、学习它，和它生活在一起，尽量搜集有关它的资料。这样做下去就会不知不觉地使你变得更为热忱。正如卡耐基说过的一段话："我以前对于崇拜林肯并不热忱，直到我写了一本有关林肯的书以后才改变，现在我非常热忱地崇拜他。华盛顿可能是和林肯一样伟大的人物，但是我对他并不如我对林肯那样崇拜，因为有关华盛顿的事我知道得并不太多。对于任何事物，只有在深入了解以后，你才会产生热情。"

管理者要想使自己的工作出现生机，出现欣欣向荣的景象，就什么都不要再说，信心百倍地去行动就是最好的表达。

克服自我认识的不足

管理者带领员工采取行动，必须克服管理者和员工心中自我认识的不足。

很多管理者和员工对自身能力不足产生了畏惧。

发展迅猛、竞争日益激烈的现代企业让很多管理者和员工面临着巨大压力。虽然在他们的梦想中，自己应该是一个从不出错，为企业立下赫赫战功的英雄，但是管理者和员工对业绩期望越高，最后得到的回报就越是让人失望。而此时身边对管理者和员工职位觊觎已久的同事会很乐意去一试身手。这就造成了管理者对自身能力不足的恐惧。

管理者和员工往往试图表现得很完美、对任何事都相当在行，似乎管理者永远严阵以待，永远都在做正确的事，而且还试图给人以驾轻就熟的印象。即使做不到，在必要时刻，管理者和员工也会使出铁腕手段来让他人信服。一个真正自信的管理者根本不用向别人证明什么？他会根据自己的能力来给自己定目标，进而顺利地完成目标。那种定下不切合实际目标或者竭力想向别人证明目标一定能够实现的管理者和员工往往是缺乏自信的。

对于管理者和员工来说，过分施展才华往往会导致对自身弱点的忽视和对自己能力的认识不清。而弱点将带来威胁，于是管理者和员工往往不愿去正视它们，甚至希望它们快些消失。正确的做法应该是准确地认识自身的不足，有不足并不可耻，相反它说明了管理者和员工个人在进步，所有问题的关键就是迅速行动起来，减少这些不足带来的威胁，使它不再妨碍你凭借能力获得各种成就。

不要对未来恐惧

管理者和员工必须克服对未来没有准确的预测而产生畏惧。

由于对未来没有准确的预测而裹足不前的例子很多。1967 年，瑞士手表制造商在研究中心发明了电子石英表，但是他们却拒绝了生产这种手表的建议。因为他们认为谁也不会要一块没有发条的手表。但仅过了十年，这一决策就让瑞士手表的市场占有率从 65% 下降到了不足 10%。因为日本人利用瑞士人的发明，大规模地生产和推广电子表，最后赢得了绝大多数市场份额。

对于管理者和员工来说，对捉摸不定的未来的恐惧使他们不愿轻易改变现状。即使现在的状况苦不堪言，但在他们的心中总认为未知的将来更加可怕，于是管理者和员工宁愿忍受现在的痛苦也不愿去做任何改变。

适度的冒险是对付这种畏惧的唯一办法。管理者和员工要相信自己出色的能力，并且凭借它，准确地预见将来哪些问题可能会发生，进而做出有针对性的决策。管理者和员工必须预测未来，因为变化肯定是会发生的，只不过变化如何发生是不确定的。管理者和员工遇到的真正困难就在于理解意外情况随时都有可能出现，并找出解决的办法。不管管理者和员工如何拼命地抓住现在，对不确定环境的畏惧都不会有丝毫减少。因此真正高明的做法就是敢于预测未来，这样比原地踏步安全得多。

不要害怕被拒绝

很多管理者和员工都害怕被拒绝。

管理者和员工都希望他们能够得到人们无条件的承认，而且这种愿望往往是相当强烈的。

因此，很多管理者和员工在上级和员工面前都会表现得相当得体，而且尽量讨人喜欢。这是老好人的做法，而不是正确的做法。一个人遭受拒绝是常有的事情，管理者和员工遭到拒绝也在意料之中。管理者和员工能否胜任他的工作往往不在于他在多大程度上受到别人的欢迎，而在于他能够多大程度地为企业带来利润。

有些管理者和员工十分强烈地希望别人能够无条件地承认他，但这种期望往往只能导致畏惧的加深。管理者和员工最好不要想这样的问题：如果我不能胜任我的工作，结果将会怎样？如果不受欢迎又怎么办？因为这样的问题对于管理来说没有任何作用，相反它只能为难管理者的决策和员工的行动。因为在这样的压力下，管理者和员工经常要考虑的问题就不再是"什么是正确的经营决策"而变成"怎样做才能使他们更加喜欢我"。这样的管理者和员工显然是不合格的。当管理者和员工不再根据自身的能力和热情来确定工作方向和重点，而选择一味地追求得到承认和赢得赞许，那么管理者和员工就已经处于工作中的危险境地。当管理者和员工费尽心思讨他人欢喜，最后往往丧失立场，成功机会也随之丧失，最后连职位也随之丧失。因此管理者不应该被畏惧所左右，有所为，有所不为，坚持自己做人做事的原则。

管理者和员工要大大方方地面对那些自认为会拒绝你的人。因为"这些人可能拒绝你"的想法的产生就在于你和他们产生了距离。因此管理者和员工可以勇敢地向这些人走去，尽量了解他们，和他们做朋友，从他们那里得到启迪。如果这样做了，久而久之这种害怕被拒绝的恐惧就会消失。

不要惧怕面对现实

管理者和员工往往会出现惧怕面对现实的情况。

在企业管理中，很多事情都不能如意。尤其是在遇到一些棘手问题，有可能威胁到企业利益时，是否应该采取行动、该采取什么行动和如何采取行动就成了管理者和员工必须面对的事情。

有些管理者和员工希望在这个时候能够有奇迹出现，让这种局面自然地消失，但是很遗憾这种局面最后往往会变成困境。于是管理者和员工便出现了侥幸和浮躁心理。

在日常工作中，管理者和员工会逐渐放弃自己的判断，而乐于听取专家的意见。这不是因为管理者和员工能够从善如流，而是因为管理者和员工试图逃避他们不愿意触及的现实问题。他们宁愿将问题交给承诺有能力迅速解决的其他人，而不是深入了解问题的本质，进而采取办法克服难题。

优秀的管理者和员工从来都不会回避问题，他们会不断地思考经营中的现实，并且勇敢地面对复杂的问题，而不是急于求成，期待好的方案迅速出现。

不要担心落伍

管理者和员工惧怕落伍是阻碍他们采取行动的重要因素之一。

年龄增长有可能使人变得迂腐，但迂腐绝不是年龄的必然产物。年龄只是管理者和员工逃避当今日趋激烈的竞争环境的托词。无论管理者和员工年龄多大、多么德高望重或者是社会关系多么广泛，他都必须通过创造价值才能保住职位。办公时代的革命已经告别了在办公室里露露脸就能领到薪水的时代。管理者和员工老与不老，关键是看心态而不是年龄。如果管理者和员工在退休以后，仍然能够长时间地保持心态健康和充满活力，那么管理者和员工就不能算老。而且管理者和员工应该坚信随着年龄的增长，阅历将会更加丰富，从事工作将更加游刃有余。优秀的管理者和员工从来不会对年龄产生畏惧，因为他渴望工作渴望成绩，并希望得到相应的报酬。至于那些已经对年龄产生畏惧的管理者和员工，必须认识到这种畏惧源自个人，将影响管理者和员工对自身能力的认同。因此必须尽快将这些问题解决，而不能让这种畏惧渗透到管理者和员工的事业中去。有了这种畏惧的管理者和员工不妨潜心下来学习一点新的东西，只要能够积极尝试，就能够在任何领域中得到自由。

畏惧心理通常会夸大所谓的不足，让人觉得，要取得成功就必须具备某些根本就不具备的素质。正是因为这种心理，很多管理者和员工就对资历产生了强烈的依赖，在工作岗位上安于现状，根本就不发挥主观能动性。他们根本就不相信自己能够取得成功，试想一个连自己都不相信的人，又怎么能让别人相信他们能够取得成功呢？从根本上来看，他们之所以不敢行动是因为害怕成功。

百足蜈蚣的启发

　　管理者领导员工采取各种行动的时候，肯定会遇到各种善意的、恶意的劝告，如果管理者确定自己必须采取行动，那么就不要听从任何劝告，坚决采取行动。

　　蜈蚣是用成百条细足蠕动前行的。有只狐狸见了蜈蚣，久久地注视着。心里很纳闷：蜈蚣有成百条腿，它如何行走？这简直是奇迹！蜈蚣是怎么决定先迈哪条腿，然后动哪条腿的呢？于是狐狸拦住了蜈蚣，问道："我被你弄糊涂了。你究竟是怎样走路的？用这么多条腿走路，这简直是不可能的！"蜈蚣说："我一直就这么走的，从来没有想过。但现在既然你问了，那我得想一想才能回答你。"于是蜈蚣想了一整天还是没有结果，最后突然发现自己已经不能走路了。

　　对于管理者来说，能虚心接受别人的意见是美德，但管理者在做决定的时候，如果认为是对的，那就坚决去做，而不要听从别人的所谓善意的劝告。

看穿那些困难的外表

对于管理者来说，带领员工行动往往会被困难吓倒。其实困难的大小和管理者心中的恐惧、对困难的认识是成正比的。恐惧有多大，认为困难有多大，困难就有多大。

有一户人家的菜园里摆着一颗大石头。到菜园的人，不小心就会踢到那块大石头，不是跌倒就是擦伤。儿子问："爸爸，那颗讨厌的石头，为什么不把它挖走？"爸爸回答说："那块石头从你爷爷时代，就一直放到现在了，它的体积那么大，不知道要挖到什么时候，没事无聊挖石头，不如走路小心一点。"于是过了十几年，当时的儿子娶了媳妇。媳妇好生气愤地要求丈夫把石头搬走。丈夫说石头太大，没有办法。于是媳妇自己动手，结果没过几分钟石头便被挖起来，原来是块小石头，不过大家都被它巨大的外表所迷惑。

对于管理者来说，要行动的时候，就必须坚决行动，不要被困难的强大外表所迷惑，有些时候困难并没有想象中那么大。

忘我才能取得最大的成功

对于管理者来说，告诫自己和督促员工忘我的工作，往往能够取得最大的成功。

曾经有一个十分不幸的女孩，染上了一种无法解释的瘫痪症，丧失了走路的能力。一次，女孩和家人一起乘船旅行。船长的太太给孩子讲船长有一只天堂鸟，她被这只鸟的描述迷住了，特别想亲自去看一看。她要求船上的工作人员立即带她去看天堂鸟。那工作人员并不知道她的腿不能走路，只顾带着她一道去看那只美丽的小鸟。奇迹发生了，孩子因为过度地渴望，竟忘我地拉住服务生的手，慢慢地走了起来。从此这个孩子的病便痊愈了。

很多管理者和员工只能有很小的成就，其原因就在于不能做到忘我。优秀的管理人员取得较大的成就也很大程度上得益于自己忘我的追求和行动。

雷厉风行而不是犹豫不决

管理者行动要做到雷厉风行，而不要优柔寡断，犹豫不决。

秦朝时，沛县县令叫泗水亭长刘邦押送一批老百姓到骊山做苦工。不料走到半路上，接二连三地逃走了很多。刘邦想：这样下去，不用等到骊山，所有的老百姓一定会逃光的，自己也免不了死罪，于是他决定一不做，二不休，将所有还没有逃跑的老百姓都放了。有些人感谢刘邦大恩，于是便跟随了刘邦，躲在芒、阳二县交界的山泽中。等到秦末天下大乱时，刘邦便响应起义，最后缔造了汉王朝。

东汉时候，班超出使鄯善国。国王早知班超为人，对他十分敬重，但没有多久，忽然变得怠慢起来。班超召集同来约三十六人说："鄯善国最近对我们很冷淡，一定是北方匈奴也派人来笼络他，使他踌躇，不知顺从哪一边。"经过打听，果然是匈奴的使者来到了这个国家。于是班超约所有的人冲入匈奴人住所，奋力死战，用少数人战胜了多数的匈奴人，最终使得鄯善国国王彻底断绝了和匈奴交好的念头。

管理者行动的时候应该雷厉风行，这才是英雄本色。管理者做事情的时候千万不能畏首畏尾，患得患失。此外，在管理者遇到危机时，必须采取果断的行动，这样才能将危险转化为机遇。

方向一致，努力才有价值

管理者带领员工行动，必须确保行动有一致的方向。曾经听到这么一个故事：

有一天，梭子鱼、虾和天鹅出去把一辆小车从大路上拖下来，三个家伙一起负起这个沉重的担子。它们用足狠劲，身上青筋根根暴露，但无论怎样拖、拉和推，小车还是在老地方，一点也没有挪动。其实所有人都知道，并不是小车重得动不了，而是因为天鹅使劲儿往上向天空提，虾一步步向后倒拖，而梭子鱼又朝着池塘拉去。究竟它们哪个的方向是对的，哪个的方向是错的，我们暂且不论，以它们这种行动肯定是不能将车挪动一点的。

对于管理者来说，行动的时候必须保证行动方向的一致，只有方向一致，管理者和员工做出的努力才能体现出价值。

学会控制行动过程

管理者带领管理队伍行动必须注意对行动过程的控制。管理者领导艺术在控制方面主要表现为善于运用批评和惩罚等机制。

对于管理者来说，批评的目的是为了限制、制止或纠正某种不正确的行为，确保销售目标的实现。作为管理者，表扬和奖励、批评和惩罚各种激励手段都要运用，不可偏废。管理者要尽可能多地表扬和奖励、尽可能少地批评和惩罚。同时，表扬和奖励时，尽可能公开进行，而批评和惩罚尽可能个别进行。当然对一些典型的、后果严重的和有普遍教育意义的错误，批评和惩罚也必须公开进行，以教育和警示大多数员工。

管理者在运用批评手段时，应该注意以下方面的问题：

一是批评要出于爱护，要适度，要从团结的愿望出发，尽可能个别进行，一旦发现对方已经在考虑意见或者已经认识到自己的错误，就应适可而止。千万不能对员工的错误无原则地上纲上线。

二是批评时，不要拿另一个员工的行动和其他人做相反的比较。批评就是批评，最好不要比较，否则员工心中会非常恼火，而且也不利于员工之间的团结。

三是批评要注意事实，掌握分寸，否则对方心中会产生委屈，要避免对方的自卫反应，产生抵触情绪，如果管理者事实还没有查明白，就不要急于评论是非。

四是批评时就事论事，不要再去提旧账，把对方的缺点集中在一起会使问题复杂化，达不到预期的效果。同时在批评的时候必须对事不对人，这是在批评的时候必须掌握的原则。

五是管理者在批评的时候要特别地有耐心，态度一定要真诚，要能站在对方的立场想问题，这样才能让被批评的员工欣然接受。

没有必要去事必躬亲

管理者的管理过程中不可能事必躬亲，也没有必要事必躬亲。管理者感到工作压力很大时，就应该充分信任别人，让别人为自己分担工作。这才叫管理者，而不是操作者。

任何管理都是一个大系统，从而也就决定了管理者的权力管理在组织上的系统性。这一系统性要求在管理的过程中，管理者的命令必须得到理解和执行，同时还要求管理者对整个管理过程进行必要的考察，及时地发现管理中的问题和弊端，并纠正自己管理命令中的错误。管理者管理的有效性在很大程度上取决于权力管理在组织的有效性。

建立一个完善的权力管理体系，并不意味着管理者必须时刻将大权紧握不放，在任何时候都事必躬亲。它要求管理者学会分层次管理。一般说来，确定大政方针，运筹战略决策，拟定长期发展规划，这些权力应集中于管理者身上，以谋求整体的长远的利益。但至于决定执行性方案，做出战役性、战术性决策，就大可不必由管理者来一一操劳，可以直接下放给员工处理。

管理者必须学会授权，其原因主要有两点，一是管理者授权是实现有效管理的主要手段。任何一个管理者直属的下级员工的数量应有一定的限度。因此，对于管理者来说，除了企业方针、政策、决策以外，更多的事务应该通过授权交由下级员工去做，这样才能抛开日常事务的纠缠，把有效的时间和精力放在对销售部门发展有重大关系的事情上，保证权力得到维护和领导工作得以高效地开展。二是管理者授权是巩固和扩大权力体系的重要手段。权力体系的巩固和扩大在于取得所有员工对其权力的承认和接受，管理者通过授权，对其权力进行适当有效的下放是实现员工对权力进行承认和接受的重要手段。

理想的管理就是 "无为而治"

美国通用电气 CEO 韦尔奇的一个经营管理的最高原则是"管理得少"就是"管理得好"，或者反过来说也一样："管理得好"就是"管理得少"。根据调查，西方发达资本主义国家普遍的企业管理工作中的"管"与"理"遵照的是 20/80 原则，这与我国企业管理中的"管"与"理"

遵照 80/20 的比例恰好颠倒。这也许是大多数中国企业缺乏竞争力的一个极好的解释。

实际上，最理想的管理就是一种"无为而治"的状态，也就是不管理。之所以不小需要管理，这是因为人人都学会了自我管理，恪尽职守，那些所谓的管理制度，条条框框也就失去了存在的意义。管理就是要实现这样一种理想状态。但这个理想状态实现的前提是管理者对下属或员工做到充分信任，进而培养员工对个人和组织的忠诚度。

而建立信任和培养忠诚度，管理者就必须从以下四个方面下功夫：

一是加强文化的融合，只有员工发自内心认同了企业的文化，才会真正做到心往一处想，劲往一处使；

二是自由交换意见，安排正式或非正式会议作为员工之间相互交流的途径，当员工之间的了解加深后，他们就能放松自己，培养忠诚和凝聚力；

三是感情沟通，重视心理情感的协调，善于运用感情疏通拉近员工之间的心理距离，建立起一种唇齿相依的关系，彼此把对方视作"一家人"，相互依存，同舟共济，荣辱与共，肝胆相照；

四是注重结果。把实现结果的过程交给部下，又用过程的结果来衡量部下，这就是无为而治的精髓所在。

无论是个人的自我管理，还是公司组织的管理，最高境界无疑都是无为而治。而要实现无为而治的境界，最根本的就是培养忠诚度。

任何时候不找任何借口

忠于个人、朋友、同事和组织的人从来不会找任何借口，因为他们知道没有任何借口。

对于企业来说，它所需要的是没有借口的员工，因为他们不会把宝贵的时间和精力放在如何寻找一个合适的借口上，而忘记了自己的职责和责任。

对于员工来说，不要去找任何借口，哪怕是看似合理的借口。没有任何借口，是执行力的表现。工作就是不找任何借口地去执行。

"没有任何借口"是美国西点军校 200 年来奉行的最重要的行为准则。但是西点军校的一个现象吸引了世界上的经济学家："二战"以后世界 500 强企业里面，西点军校培养出来的董事长有 1000 多名，副董事长有 2000 多名，总经理、董事一级的有 5000 多名。

西点军校里有一个广为传诵的悠久传统，就是遇到军官问话，只有四种回答："报告长官，是！""报告长官，不是！""报告长官，不知道！""报告长官，没有任何借口！"除此之外，不能多说一个字。在西点军校，军官要的只是结果，而不是喋喋不休、长篇大论的辩解！"没有任何借口"是西点军校奉行的最重要的行为准则，是西点军校传授给每一位新生的第一个理念。其核心是敬业、责任、服从、诚实和忠诚。

对于忠诚于企业的员工来说，在做任何事情和承担做事所带来的后果的时候千万不要找借口。寻找借口唯一的好处，就是把属于自己的过失掩饰掉，把应该自己承担的责任转嫁给社会或他人。这样的人，在企业里根本就不是忠诚的员工，自然也无法得到企业的信任，在社会上自然也得不到别人的信赖和尊重。

成功的管理者和员工都有好习惯

每一个人都是按照习惯去支配的。成功的管理者和员工养成了好的习惯，失败的管理者和员工往往养成了坏习惯。

很多人都说自己理智，做任何事情都是经过详细分析才采取行动的。但人们大概百分之九十的行为，只是一种习惯的反应。每一天，我们都会碰到相同的或者不同的挑战，挑战降临的时候，我们便发挥固定的行为去应付。习以为常的时候，我们的脑袋便形成了习惯。

我们自称为理性的动物，倒不如称自己为习惯的动物。我们生活中的每一个动作，早已变成了习惯的奴隶。习惯是省时的方法，习惯又可以令生活畅顺愉快。当你到一个新的地方居住，其中的适应过程，极为辛苦。或者开车，如果是一条新路，单是留心路牌指示，已经令人分神乏术，将本来是享受的驾驶工作变成烦恼。如果没有习惯，我们会变成整日思考、犹豫不决的人。习惯了的工作，一天内可以完成，如果是不习惯的话，则往往要花三两天才能完成。因为习惯化而将行动变成自动化，反应速度便快了许多。

因此，对于管理者来说，要迅速果断地行动就必须培养自己良好的习惯。习惯可以加快管理者的反应速度。一个好的工作习惯，不但使工作进行顺利，而且又省却了很多精力和脑力；如果染上了坏的习惯，管理者就很难取得事业上的成功。

危机意识任何时候也不能缺

有一只野猪对着树干磨它的獠牙，一只狐狸见了，问它为什么不躺下来休息享乐，而且现在没看到猎人。野猪才回答是：等到猎人和猎狗出现时再磨牙就来不及啦。我国有一句古话叫"生于忧患，死于安乐"，意思是说人必须要有忧患意识，有危机意识。

一名剑客前去拜访一位武林泰斗，请教他是如何练就非凡武艺的。泰斗拿出一把只有一尺来长的剑，说："多亏了它，才让我有了今天的成就。"剑客大为不解，问："别人的剑都是三尺三寸长的，而你的剑为什么只有一尺长呢？剑短一分，险增三分。拿着这么短的剑无疑是处于劣势？"泰斗说："正是因为在兵器上我处于劣势，所以我才会时时刻刻想到，如果与别人对阵，我会是多么的危险，所以我只有勤练剑招，以剑招之长补兵器之短，这样一来，我的剑招不断进步，劣势就转化成优势了。"这位剑客听后，按照武林泰斗的方法去练剑，后来也成了一位武林高手。

　　一种想法、一种观念、一种意识往往决定了一个人的一生。一个企业管理者处在快速变化的世局中，如果墨守成规，一成不变，抱持着"以不变应万变"的心态，其结果只能是被时代淘汰。因为管理者如果没有具备适应世界急剧变化的能力，将难以在竞争激烈的社会中生存。因此，一个管理者必须具有危机意识，具体来说，必须在两个方面落实这种意识，首先应落实在心理上，心里要随时有接受、应付突发状况的准备，这是心理健康的表现。心里有准备，遇到危机时就不会慌了手脚。其次要落实在生活和工作中。如果有意外的变化，我的日子将怎么过？要如何解决困难？万一失业了，怎么办？管理者应该多想几个万一，然后才能有动力做准备。

适者生存是普遍规律

　　适者生存而不是所谓的强者生存是自然界存在的普遍规律，这一规律在人类社会也普遍存在。同样，在企业管理中，这一规律也是存在的。对于管理者来说，适应能力是必须具备的基本素质。管理者适应能力的高低直接决定管理是否有效。因此，提高管理者的适应能力是必须大力进行的。

我们处在一个信息化和产业化都飞速发展的时代。社会和市场的环境变化越来越快，而且这种变化不以个人的意志为转移，因此我们所能做的只能是适应环境，而不能要求环境适应我们。管理者必须增强自己的心理适应能力。

心理适应能力是指人的各种个性特征相互配合起来，适应周围环境的能力。心理适应能力是个体社会化的基本要求。心理适应能力强的人，在遇到各种复杂、紧急、令人恐惧或危险的情况时，仍能泰然处之，发挥自己的原有能力，甚至能超水平发挥。管理者在管理中必然会遇到种种管理的危机时刻，适应能力的强弱就直接决定了管理者的危机处理能力。试想一个对危机不能泰然处之的管理者，怎么能指望他能够顺利地处理危机。

适应是为了成功，没有自信就没有适应，就没有成功。对于管理者来说，成功固然重要，但是自信才是成功的基础。没有自信，便没有成功。一个能够获得巨大成功的人，首先必须是个自信的人。一个自信的管理者会充满活力，焕发光彩，谈吐洒脱、大度，在不知不觉中产生感染人的魅力。自信就像是一根魔棒，一个人只要是真正地充满自信，就会整个人都会为之改变，气质会更优秀，能力会更强，随之生活态度也将变得更乐观。

摆脱神经衰弱

当管理者感到压力越来越大的时候，往往容易出现神经衰弱，而当管理者出现神经衰弱并意识到自己有这种病症时，神经衰弱有可能越严重。

企业的管理者出现了神经衰弱往往意味着整个企业出现了神经衰弱。因此及早地将神经衰弱治愈，是企业管理者必须克服的心理障碍。

治愈神经衰弱首先必须树立这样的意识，神经衰弱是可以治愈的，绝不是什么绝症，也不会变成精神病。虽然神经衰弱者常感到自己脑力不济，但实际上照样能应付日常生活及一般工作和学习，不会造成精神残疾。因此要消除引起神经衰弱的情绪紧张，减轻心理压力。不要对自己提过于苛刻的要求，只要能够休息好和工作好就行。也不要为脑力下降而焦虑，必要时必须降低自己的奋斗目标，做什么事情都要量力而为，要把目标确定在自己能充分发挥潜能，而又不导致精神崩溃的范围内。

患神经衰弱的管理者说明大脑太累了，压力太大了，需要休息调整。一下子消除这种症状显然是不可能的，所有问题的关键在于冷静地分析这种紧张情绪和心理压力来自何方。同时也不要将自己想象成无药可救之人，有很多人就是从神经症的痛苦和束缚中彻底解脱出来，结果成为了一个全新的、富于创造性的、并且能够释放全部潜能的人。

分散注意力是治疗神经衰弱的基本思路。对于患有神经衰弱的管理者来说，不想这件事，也不谈这件事，像正常人一样生活，最好做一些比较消耗体力的、不太费脑筋的、自己喜欢的、收效很快的事情，长期坚持下去，神经衰弱自然会在不知不觉中消失。

克服心理障碍

医学心理学研究表明，心理疲劳是由长期的精神紧张、压力、反复的心理刺激及恶劣的情绪逐渐形成的。它超越了个人心理的警戒线，这道防线一旦崩溃，各种疾病就会乘虚而入，不断发生。管理者的心理疲劳是不容忽视的。众多管理者在管理中兢兢业业，恪尽职守，同时往往在心理上存在心理障碍、心理失控，甚至心理危机；在精神上会造成精神萎靡、精神恍惚；在身体上则会出现诸多疾病。心理疲劳已经是管理者身边的隐性杀手，它虽然不会一朝一夕就置管理者于死地，但是会像慢性中毒一样，等到了一定的时间，达到一定的"疲劳量"，就会引发一系列的疾病。

消除心理疲劳的方法主要有以下几种：一是健康的开怀大笑是消除疲劳的最好方法，这也是一种比较愉快的发泄方式；二是放慢工作的节奏，把无所事事的时间也安排在日程表中，尽量不要使自己过于劳碌；

三是在没必要说话时最好保持沉默，听别人讲话同样是一种惬意的享受；四是沉着冷静地处理管理中的各种复杂问题，舒缓紧张压力；五是学会在适当的时候对一些人说"不"，不要老是将事情揽在自己身上，毕竟个人能力有限；六是做错了事不要总是自悔自责，要能够正常地工作，在工作中弥补过失；七是给自己找一个最好的听众。

爱发火是一种不良和有害的情绪。一个管理者经常发火，不仅会影响与员工的团结，影响工作，而且还容易把矛盾激化，无益于问题的解决。

精准
管理

第十章
YUESHU YUANGONG XINGWEI
约束员工行为

　　成功的企业领导不仅是授权高手，
更是控权的高手。

　　　　　　　　　——彼特·史坦普

不仅仅是制度约束

没有规矩不成方圆，企业管理，必须有规章制度，制度是用来约束员工行为的，通过约束使员工的行为符合企业的核心价值观。但是再细致的企业制度也会有鞭长莫及的时候，在制度约束不到的地方，只有企业的核心价值观能够去指导员工的行动。

当员工已经完全接受企业的核心价值观时，员工的行为会超过制度的要求。所以当员工的价值观与公司的核心价值观一致后，规章制度就没有什么用处了，制度约束的行为已经变成了员工的自觉行为，这就是以价值观为本的组织控制，是价值观的巨大力量。

有些管理者在企业文化建设时比较急功近利，试图通过企业文化建设快速解决企业经营管理中出现的问题。一旦现实与自己的想法产生偏差，就认为企业文化太虚，没有实际作用。

如同知识本身不承载价值一样，为企业文化而建设企业文化基本上是徒劳的，企业文化不是一杯可以随时解渴的水。

管理者建设企业文化的根本出发点是为了约束员工的行为，最终使员工的行为达到一种不受到任何约束而自觉服从于企业目标的境界。

企业管理者要通过有效的方式形成企业核心价值观，并以此作为种子要素孕育良好的企业文化，在此文化中通过沟通、传递愿景和进行实践，强化核心价值观，使全员认可并内化企业核心价值观以形成持久的行为。

以价值观为核心的企业文化就像空气一样存在于组织之中，它的存在远胜于有形的规范，企业的行为不可能全部用文字规范下来，只有依靠文化的力量才能实现。这种规范进入理念层面，不符合这种规范的行为会被文化无形的力量纠正，不认可这种规范的人会被企业排斥。

别让激励禁区害了你

约束员工行为，同样要对激励的禁区做一番考究。

激励的禁区主要表现在以下几个方面：

一是激励采用运动方式。许多人喜欢用运动的方式来激励。形成一阵风，吹过就算了。一番热闹光景，转瞬成空。不论什么礼貌运动、作家运动、意见建议运动、品质改善运动，都是形式。而形式化的东西，对人来说，最没有效用。管理者注重实质，唯有在平常状态中去激励，使大家养成习惯，才能蔚为风气，而保持下去。凡是运动，多半有人倡导。此人密切注意，大家不得不热烈响应；此人注意力转移，运动就将停息。但运动绝对不可能持久。

二是任意树立先例。激励固然不可墨守成规，却应该权宜应变，以求制宜。然而，激励最怕任意树立先例，所谓善门难开，恐怕以后大家跟进，招致无以为继，那就悔不当初了。管理者为了表示自己有魄力，未经深思熟虑，就慨然应允。话说出口，又碍于情面，认为不便失信于人，因此明知有些不对，也会将错就错，因而铸成更大的错误。有魄力是指既然决定，就要坚持到底。所以决定之前，必须慎思明辨，才不会弄得自己下不了台。管理者喜欢任意开例，员工就会制造一些情况，让管理者不知不觉中落入圈套。兴奋中满口答应，事后悔恨不已。

三是大张旗鼓进行激励。好不容易才有一次激励，就要弄得热热闹闹，让大家全知道，花钱才有代价，这种大张旗鼓的心理，常常造成激励的反效果。被当作大张旗鼓的对象，固然有扮演猴子让人耍的感觉。看耍猴子的观众，有高兴凑热闹的，就有不高兴如此造作的。一部分人被激励了，另一部分人则适得其反。对整个组织而言，并没有得到什么。

四是严重偏离团体目标。目标是激励的共同标准，这样才有公正可言。

变惩罚为激励

企业在管理员工时往往会遇到这样一个难题：是以激励为主还是以惩处为主。

这涉及管理学中的 X 理论和 Y 理论，即把人的本性看作是向善的还是向恶的，如果认为是向善的就会以激励为主，通过激励来激发员工的工作热情、提高工作效率；如果认为是向恶的就会以惩罚为主，通过严惩来规范员工行为、使员工在外在制度规范的约束下，集中精力工作，提高工作效率。

事实上，在具体的操作中往往是二者并用，做到赏罚分明，激励和惩罚并用。但是问题是有的管理者不善于惩罚，只善于激励；而有的领导只善于惩罚，而不善于激励。尤其具体到一件事情中，比如员工犯错误时就只有惩罚，似乎不惩罚就不能起到杀一儆百的作用，不惩罚就不能体现规章制度的严肃性，不惩罚就不能显示管理者的威严。

惩罚是应该的。但是当员工犯错误时，不只有惩罚，还可变惩罚为激励，运用惩罚的手段激励和奖励员工，甚至可以比单纯奖励更有效。这就是惩罚的艺术性，变惩罚为激励，变惩罚为鼓舞，让员工在接受惩罚时怀着感激之情，进而达到激励的目的，而不单单是规范和约束。

既然员工违犯了规章制度，就必须处罚。不然，就等于有错不咎，赏罚不明。但如何罚？简单地照章办事，罚款了事？这是常规的做法，有可能造成该人才的流失，跑到竞争对手那里去，弱己强敌。因此，在必须处罚的前提下，不仅要留住人，更要留住心，关键是要从根本上解决问题。要让员工自己改正错误，且积极有效地改正错误；而不是管理者要他改正，他不得不改。

不能小看树立威信这件事

管理者要约束员工的行为，首先必须树立威信，尤其是新上任的管理者。

管理者树立树立威信，需要从以下几个方面来努力：

首先要认真听、认真记。管理者的个人魅力无疑将影响到其威信的树立。因此，管理者应该博学而谦逊，果敢而不犹豫，亲切而不媚俗。管理者要通过与大家的充分交流，了解大家的想法。比如员工对企业自身生存环境的看法，市场竞争的威胁；提出当前工作中存在的问题和最不满意的地方，以及如何改进的方法等。无论在何时何地，都要悉心倾听下属的声音，尤其是建设性意见和问题，一定要随时记下来，这样会让下属感到你对他的尊重和肯定。

其次管理者要征服元老。当员工被人视为元老时，就一定会拥有别人无法比拟的优势。比如他们往往经验丰富、见多识广；他们通常有比较稳定的人际关系和强大的群众基础，甚至身边还聚集着一群拥戴者。对付元老，管理者既不能过分讨好，又要亲切而尊重，正所谓不卑不亢。要征服元老，和他们的沟通显然更加重要。沟通是为了理解，赢得他们的理解，无疑就赢得了更多下属的心。

最后是站在员工的角度坚持原则。威信并不是让人惧怕，而是让人自觉地信服。管理者在工作中需要以温和的态度和员工接触，但对于原则问题一定要秉公办事。对于员工，管理者要始终贯彻既严格，又温情的领导态度。比如当员工发生严重错误时，一定要根据规章处理，但一定要在第一时间找员工进行深谈。既要批评错误又要帮助他提并尽可能了解下属的需要，以防再发生类似事件。在交谈中，更多地站在下属的立场上，为他考虑和帮助他解决问题，而非一味地批评，并且始终贯彻"对事不对人"的原则。

管理中要对权力进行控制

诸葛亮所著的《将苑》第一篇就谈论兵权问题。

"夫兵权者，是三军之司命，主将之威势。将能执兵之权，操兵之要势，而临群下，譬如猛虎，加之羽翼，而翱翔四海，随所遇而施之。若将失权，不操其势，亦如鱼龙脱于江湖，欲求游洋之势，奔涛戏浪，何可得也。"

诸葛亮的意思是，兵权是将领统率三军的权力，它是将领建立自身威信的关键。将领掌握了兵权，就抓住了统领军队的关键，就如同一只猛虎插上了双翼，不仅有统帅的威势而且能翱翔四海，遇到任何情况都能够灵活应变，占据主动。相反，如果将领失去了兵权，不能指挥军队，那么就如同鱼龙离开了江河湖泊，根本就没有在海洋中遨游的自由，更谈不上在浪涛中奔驰嬉戏。诸葛亮一针见血地指出了为将统兵的根本问题和必要前提就是掌握兵权。作为一员将领，如果失去了按自己意志指挥军队的权威，受到上级种种挟制或者下级根本就不听指挥，命令得不到贯彻和执行，那就和离开河湖的鱼龙一样，再也没有了自由。任凭将领有多高的才能，也无从施展，最后也会毫无作为。

对于管理者来说，也是如此。管理者如果没有权力，就不可能保证日常工作得以执行，进而管理的目的也无从实现。管理者的影响力分为权力影响力和非权力影响力。虽然没有非权力影响力的管理者无法使管理工作运转协调，但是如果没有权力影响力作为保障，非权力影响力根本就不可能保障工作开展。也许对于员工来说，传达室的送信人比管理者更加受欢迎，非权力影响力更大。但是送信人的管理命令根本就不可能在员工中得到执行。因此，权力影响力是非权力影响力的保障。管理者在管理过程中一定要对权力进行控制。

合理的权力体系

管理者要约束员工的行为必须建立比较合理的权力体系，合理的权力体系应该具有以下两个方面的特点：

一是制约和保证。管理者的权力体系是个整体，它包括多方面的权力职能，如组织指挥、协调控制等，这些权力职能往往需要一个制约体系。制约体系的存在是为了保证管理体系能够正常发挥作用。如果管理者的权力没有任何制约，往往就会出现滥用职权和越权处理。这种现象出现就很难保证管理者还能赢得信服。同时，良好的制约体系是员工不越级处理管理事务的保证，也是对上级的自然约束。因此管理者不要试图给自己构建一个毫无制约的管理体系，这样的体系虽然表面上很具有威慑力，但实际上并不能发挥作用。

二是相对与绝对。管理者在进行权力管理时，被管理者和需要管理的事情都是确定的。管理者掌握的职权要求被管理者无条件地按照管理者的意思将需要管理的事情办好。但一个完善的管理体系并不是只有单向的命令传达过程，还应该有信息的反馈过程。也就是说管理者的权力体系应该是绝对的，它要求无条件的服从；同时管理者的权力体系也是相对的，它要求管理者在行使管理职能的过程中广泛听取被管理者的意见，及时有效地改进。

对于管理者来说，建设完善的权利体系有以下方法可以采用：

一是以双赢的思想与别人建立关系网，不要破坏这种局面，管理者要学会和别人合作。权力体系在很大程度上就表现为关系网。

二是学会运用官僚主义。对于管理者来说，维持一定的官僚体系能够维系比较稳固的管理权力体系。当然这种官僚体系不应该不利于企业的发展。

权力制约的方法

权力制约作为管理者控制权力的方法，就是指管理者借助自己的职权，对影响和干扰自己权力运行的各种权力的制约。权力制约的主要特点有：

一是强制性。权力制约是以权力为控制基础的，是通过权力来制约权力。它不以被管理者的接受为前提，不论被管理者情愿与否，都必须接受和遵从这种约束，并在这种约束下恰当地行使自己的权力。这种接受和遵从是无条件的，因为权力就意味着服从。即使被管理者想不通甚至持相反的意见，但也只能服从制约，而将自己的意见保留。

二是直接性。权力制约不是以改变和影响被管理者的内在动力机制而间接实现的。它往往直接以明确的指令、指标、规范等作用于被管理者，直接规范被管理者的权力行为规范并强行要求其服从。从这个意义来讲，权力制约具有直接性。

三是时效性。权力制约的时效性是指权力制约在一定时间内必须产生一定的效果，即在最短的时间内产生最大的效果。权力制约是强制性控制，不论被管理者是否理解和认同，都必须马上遵从其约束、限制，因而便能在短期内实现控制，取得明显效果。

权力制约是管理者控制权力的主要方法。它的优点在于可以防止权力滥用，即抑制权力的反面作用，保证权力能够正确地实行。但是权力制约也有其局限性。主要表现在：权力制约往往是管理者主观判断做出的，如果管理者主观判断发生偏差，就很容易压制被管理者的积极性、创造性，进而伤害被管理者的自尊心；权力制约容易使管理者忽视过程管理的民主性和科学性，管理者容易从自己的主观出发，而不考虑被管理者的感受。

注意命令与互动的平衡

管理者在约束员工的行为时，一定要注意命令与互动。

任何管理都是一个大系统，从而也就决定了管理者的权力管理在组织上的系统性。这一系统性要求在管理的过程中，管理者的命令必须得到理解和执行，同时还要求管理者对整个管理过程进行必要的考察，及时地发现管理中的问题和弊端，并纠正自己管理命令中的错误。管理者管理的有效性在很大程度上取决于权力管理在组织的有效性。

建立一个完善的权力管理体系，并不意味着管理者必须时刻将大权紧握不放，在任何时候都事必躬亲。它要求管理者学会分层次管理。一般说来，确定大政方针，运筹战略决策，拟定长期发展规划，这些权力应集中在管理者身上，以谋求整体的长远的利益。但决定执行性方案，做出战役性、战术性决策，就大可不必由管理者来一一操劳，可以直接下放给员工处理。

要依照统一领导、分级管理的原则，在一定范围内给员工以权力。如果权力过于集中在管理者手中，一些只要有一定规章，员工就可以处理得很好的事情变得处理效果不佳甚至很难处理。尤为严重的是，权力的高度集中往往会导致管理者过于忙碌日常事务，而员工积极性又屡屡受挫。

关注各种非权力影响力

在管理工作中，管理者是被企业赋予一定权力的人，其实施领导行为主要依靠两方面的因素：权力因素和非权力因素。

作为一名称职的管理者，在工作中既要依靠权力影响力，还要充分发挥非权力影响力。非权力影响力是指一个人在人际交往中，影响和改变他人心理与行为的能力。它是管理者的行为和素养的体现，是软性的影响力。

它的特点主要有：一、非权力影响力是管理者自身的行为和素养自然地引起被管理者的敬佩感、信赖感和服从感；二、行为和素养是管理者本身所具有的，这种影响力是内在因素起作用引发的；三、非权力影响力是由管理者个人根据工作需要，以及自身状况与工作需要的适应程度进行自我调试。

　　非权力影响力是管理者影响力的基础要素，要让员工自觉地、真正地服从，仅仅依靠权力是不行的。权力影响力很大程度上是表面的、虚假的，它对人的影响也是暂时的、相当有限的，有时甚至是事与愿违的。一个管理者只有品德高尚、作风正派，处处以身作则、为人表率、秉公执政，在工作中做出许多成绩，他的管理活动才容易被员工所接受，他的为人才能得到员工的钦佩，他才能得到员工心理上的归属。这种归属不是强制的，而是由衷的、自觉的和心甘情愿的。非权力影响力较之权力影响力具有更大的作用。非权力影响力是管理影响力的关键所在。

　　非权力影响力主要是指管理者的品质、作风、业绩以及行为榜样等非权力因素对被管理者造成的影响力。非权力影响力更多地属于自然影响力，它表面上并没有合法权力的约束力，但实际上常常能发挥权力影响力所不能发挥的约束作用。构成非权力影响力的要素主要是品格因素、知识因素、能力因素、感情因素。

为什么要授权

　　管理者必须学会授权，其原因主要有：

　　一是管理者授权是实现有效管理的主要手段。任何一个管理者直属的下级员工数量应有一定的限度。从经验来看，每一个管理者所管辖的下级员工不应超过6人。没有哪一个管理者能事必躬亲，即使是中小企业的管理者，也没有必要事必躬亲。因此，对于管理者来说，除了企业方针、政策、决策以外，更多的事务应该通过授权交由下级员工去做，这样才能抛开日常事务的纠缠，把有效的时间和精力放在对企业发展有重大关系的事情上，保证权力得到维护，领导工作得以高效地开展。

二是管理者授权是巩固和扩大权力体系的重要手段。权力体系的巩固和扩大在于取得所有员工对其权力的承认和接受，管理者通过授权对其权力进行适当有效的下放，是实现员工对权力进行承认和接受的重要手段。首先通过授权使接受权力的员工对管理者的权力进行承认，他们的承认自然会影响其他员工承认和接受管理者的权力。

三是管理者授权是集用权、用人于一体的管理艺术。用人是管理的最高艺术，用权是管理者所有管理活动的保证，是用人的前提。管理者如果没有权力，又怎么能够用人呢？因此管理者的授权既是用人又是用权，是集用人、用权于一体的管理艺术。授权并不是一种单纯的分配权力，它往往是针对完成短暂性工作任务的权力分配，相当于代理。在工作完成后权力就失去了存在的基础。

合理授权的界限

管理者授权一定要合理。

合理的授权是实现管理目标的需要。不同层次的管理者必须实现的管理目标是有层次性的。较低层次的管理者有较低层次的目标，较高层次的管理者有较高层次的目标，但任何管理者管理目标的实现都是以授权为前提的。成功的管理者能最大限度地调动各方面力量，齐心协力地实现管理目标。

管理者通过把自己所属的部分权力授予员工，使员工承担部分权力和责任。这样做不仅有利于管理者从琐碎的日常事务中解脱出来，而且也有利于管理者自由地安排管理工作。毕竟对于一个管理者来说，他处于指挥、监督别人工作的位置，他的全部职责就是协调员工做好每一件事，统帅员工实现各个小目标进而达到总目标。管理者是不应该做具体事务的，如果管理者做具体事务，往往会由于他们自身能力有限，很难将事务做到员工整体所做的程度。因此，管理者应当尽可能帮助员工在各自能力限度范围内获得最大成果，指导员工以最有效的方式进行工作。

成功的管理者只会把精力集中在抓全局、抓调查研究、抓重大问题的决策上，而不会放在具体事务的处理上。那种不愿意授权的管理者，往往给自己积聚了越来越多的工作决策事务，进而使自己在日常琐碎的工作中无法自拔。到最后由于自己的时间和精力有限，也不得不实施授权。因此预期这样被动地实施授权，倒不如主动将权力授予员工。

权责一定要对等

管理者对员工授权是为了借助员工的力量，更好地实现管理目标。

为了保证被分配权力的员工的工作热情和主动性，管理者在进行权力分配时，必须遵循权力和责任对等的原则。

管理者授予员工一定的职位，就要赋予员工相应的权力，权力是员工开展工作的基础。授权要使被授予权力的员工有职有权的同时还应该权责对等。

责任是中心，权力是条件、是手段。

权责对等原则要求管理者在进行授权时，既不能让员工只承担义务和责任而不提供权力保证，又不能只分配权力而不使其承担相应的义务和责任。授权的同时明确员工的责任是带责授权的做法。

管理者将权力和责任同时授予员工，不仅可以促使员工完成工作任务，而且还可以堵塞有权不负责或滥用权力的漏洞。这样做有利于员工正确行使自己的权力，更好地实现管理者授权的目的。

带责授权使员工各司其职，各守其位，各负其责，避免争功诿过。

管理者授权一定要适度

要想使管理活动实现高效运转和整体功能最优，管理者在进行授权时就一定要遵循分配适度、系统优化的原则。授权过度，就会造成权在下而令不易行禁不易止的局面。但如果分配过少，权力过于集中在管理者手中，就容易造成员工不负责任。同时管理者也会被琐事缠身，无法超脱日常事务，工作本末倒置，主次颠倒。做了很多不该做的，该做的却没做好。授权要适当，首先对员工的授权不能过轻也不能过重。过轻的权力无法激发员工的积极性，不利于员工尽职尽责；过重的权力到最后往往出现难以收拾的局面。员工的权力过大还往往使制度法规无法顺利贯彻执行。此外授权过重若超过员工的承受能力，不但起不到授权成事的效果，反而让员工对权力噤若寒蝉，不敢再图发展。

适度的授权能满足员工的归属感和自我实现的要求。适度的授权不仅有利于调动员工在管理工作中的积极性、主动性和创造性，激发员工的工作情绪，而且能够使管理者的思想意图为广大员工所接受。管理者必须创造一种氛围，在这种氛围中，员工不但能够在理性上投入工作，而且在感情上也乐于投入工作。成功的管理者往往是通过信任员工，给员工提供充分有意义工作的机会，刺激员工的工作意识来取得成功的。

适度的授权能提高管理效率。管理者适度授权，有助于锻炼和提高员工的才干，提高领导体系的总体水平，从而提高管理效率。管理者的适度授权使员工获得了实践机会和提高的条件，随着员工在实践中学得更多的知识，管理者再根据工作的需要授予他们比较多的权力和责任，这样管理者就能够减轻自己的工作负担。

授权的四大原则

管理者授权时，必须坚持四大原则：

一是层级分明、权责明确原则。管理者的权力系统是自上而下的一系列权力关系。管理者在进行授权时，必须注意权力的层级。权力分配要逐级逐层进行，以使每一个被分配权力的人都知道是谁分配给自己权力的，知道自己属于哪个层级，知道哪些事可以由自己决策，哪些事还必须请示和向谁请示。

二是择人任事原则。这是要求管理者在进行权力分配时，必须是因事设人，择人任事。设人是因为有事要做，有任务等待完成，即分配权力必须是因为工作的需要。绝不能因人设事，不能因要安排某人而没事找事。择人要举贤任能。择人是为了做事，既然是做事，择能就是应该的。择人如果不行，则成事不足败事有余。择人也不能任人唯亲。这不但会降低管理者的威信，也会给管理活动造成影响。

三是可控原则。授权不仅要适当而且要可控。正确的授权不是放任，而是保留某种控制权。通过这种可控性，管理者与员工有机地联系起来。没有可控性的授权是弃权。一方面，管理者握有主动性、灵活性，授权的范围、时间由管理者灵活掌握；另一方面，所授权力有一定的弹性，能根据实际需要随时调整，能放能收，能大能小。

四是信任原则。管理者对于将被授权的员工要有全面了解和考察。考察了解后再决定是否可以授权，以避免授权后不合适而造成不必要的损失。管理者一般来说，应该疑人不用，用人不疑。一旦相信员工，就应该以此授予权力，授权后，就不要再事无巨细都过问了。贯彻信任原则，要做到员工职权范围内的事让员工说了算，只要不违背根本原则，就要支持员工工作。对于工作的小失误，要采取宽容态度。

明确授权的对象

管理者授权时必须明确授权对象。有四类员工可以得到管理者的授权：

一是对管理者忠诚的员工。这类员工办事认真负责，善始善终，而且敢于坚持原则、坚持真理，对错误言行和时弊敢于直言不讳。如果大胆授权给他们，管理者将得到可靠的支持和帮助。

二是有团结合作精神的员工。这类员工在实际工作中协调组织能力比较强，善于理顺人际关系，凝聚力和向心力强。这种员工往往能够在实际工作中与其他员工同舟共济，共同将任务完成。

三是能独立处理问题并勇于创新的员工。这种人善于独立思考问题和发现问题，善于处理棘手的问题并提供有价值的独特见解。他们能弥补管理者知识的盲点，授权给他们，往往能解决难题。这种人属于实干家，开拓能力卓越，在工作中敢于大胆设想，敢于标新立异，另辟蹊径。因此管理者要大胆授权给这样的员工。

四是偶然错误并渴求悔改机会的员工。这些人在犯有错误、失去某些尊严和荣誉后，多少有些补偿感和失落感。他们希望管理者能够给他们挽回损失的机会而且十分渴求重新恢复应有尊严和价值。这种戴罪立功的员工是可以授权的。管理者如果大胆接受他们，他们会因重新得到信任和尊重而拼命工作，进而十分出色地完成管理者交给的任务。

以上四类员工如果能够得到管理者的授权，必然竭尽全力来完成管理者所分配的任务，进而稳固管理者的权力。

越权的三大表现

管理者在约束员工行为时，要尽量避免越权。越权的主要表现为：

一是不该决定的事情擅作主张。决策是管理者的主要职能。企业不同层次的管理者应根据自己的职责权限做出自己职责范围内的有关决策。比如基层管理者的决策主要是解决作业任务中的问题，包括经常性的工作安排。而中层管理者的决策主要是关于安排一定时期的任务或解决生产和工作中的某些问题；而高层管理者的决策要解决的是关系全局性的以及与外界有密切联系的重大问题。不同层次的管理者，只能决定本层次的企业管理中的问题。如果决定其他层次的问题，不论这个层次是向下还是向上，就是越权。比如企业中的中层管理者去决定作业的投入产出等具体事宜，就是对员工的越权；如果决定合资经营等重大问题，就是对上级的越权。

二是不该管的事情插手管理。管理者只应管自己分内的事情。但不少管理者对员工甚至对员工的工作，这也看不惯，那也看不惯；在这里挑剔，在那里指责。在这样的管理者眼里，员工干什么都不行，唯有自己才是最有能力和事业心的。这样的管理者总是把许多无足轻重的事看得太重要。这样的管理者有对企业的无限忠诚和高度责任感，什么都要求至善至美，完美无缺，于是整天提心吊胆，对员工不放心，结果越是担心，越是漏洞百出。

三是不该执行的任务越俎代庖。很多管理者叫苦不迭的就是"忙"，却不知道自己在忙什么？对有些管理者说来，有很大一部分忙是因为做了很多不需要管理者做的工作，它们应该由职能部门去进行。结果管理者事必躬亲，不分巨细地去做具体管理部门的那些日常工作，陷入烦琐的事务堆中而不能摆脱，这样的忙就是失职。

正视各种越权的危害

管理者必须正视越权的危害。越权的危害主要表现在以下四点：

一是影响工作的正常秩序。企业管理工作都按照一定的规律运转，呈现一定的程序，是系统工程。分级分层管理，各负其责，各司其职，就是为了维持其正常秩序，以取得良好效果。如果管理者对员工越权，对工作横加干预，容易打乱员工的正常工作秩序，使员工无所适从。管理者对上级的越权指挥，只好使正常工作程序扭曲，按上级的意图来办，结果破坏了正常的管理秩序。

二是影响积极性的调动。管理者的工作主要在于决策和用人。用人的关键是调动人的积极性。对员工充分信任、放手使用、不越权处理问题是调动积极性的重要方面。如果管理者越权行事，包办一切，员工就习惯于服从，而不主动去想、去干。这样员工就没有什么积极性主动性可言了。

三是影响团结。管理者和被管理者之间同心同德，团结一致是企业成功的保证。管理者的越权，实际上是一种侵权。对下越权，结果导致员工有职无权，员工就会认为管理者不信任自己，其他员工也会对这样有职无权、说了不算的被授权者产生抱怨情绪，从而使被授权者和管理者的矛盾加深。如果是管理者对上越权，也会被认为是目无领导、不自量力，这同样影响工作和团结。因此，越权是不得人心的，自然不利于团结。

四是影响管理者本职工作的完成。习惯于"越权"的管理者，脑子里想的，放心不下的，整日奔忙的，常常是自己职权外的事情。工作作风、思维走向、心理热点，都在一些细小的事情上。结果大事抓不了，小事放不下。然而人的时间和精力是有限的，用于越权方面多了，自然减少了用于解决本职工作的时间和精力。

避免越权的方法

员工的越权有三种情况：

一是因为对职责范围不甚明了；

二是由于对上级有成见；

三是在非常情况下的越权。

避免越权的方法很多，主要有以下几种：

一是明确职责范围。权力是适应职务、责任而来的。职务，是管理者一定的职位和由此产生的职能；责任，是行使权力所需要承担的后果。有多么大的职务，就有多么大的权力，就承担多么大的责任。职权责相一致是领导工作的一个重要原则，而要做到职权责相一致就必须明确职责范围。明确职责范围，不能仅停留在行文规定上，而要研究出若干办法，制定实施细则，让每一个管理者都熟悉自己的职责范围。明确可能出现的非常规问题由谁负责处理，这样就可以防止出现问题谁管都可以、谁不管都行的含混不清的现象。

二是进行服从一个管理者的教育。除了对员工明确职权责的范围外，还要对员工进行服从一个管理者的教育。员工根据这一原则，认真地做好本层次的工作，对上级管理者负责，执行上级的指示，接受上级的指导和监督，经常主动请示汇报工作，积极地创造性地完成上级领导交给的一切任务。对属于上级决定的问题绝对不擅自做主，独来独往。对员工的越权，不管这种越权是出于什么目的，都应提高到目无组织、目无领导的高度来认识，让员工收敛自己的越权行为。

三是为员工排忧解难。上级管理者在决策的基础上，在给员工部署任务、提出要求的同时，要深入基层，为员工完成任务创造必要的条件。管理者要支持、鼓励、指导和帮助员工，关心和爱护员工，为员工排忧解难，及时解决他们工作中自己难以解决的问题。这样可以减少员工出现越权现象。如果不为员工排忧解难，就会助长员工"先斩后奏"的越权行为。

五种方法纠正越权

管理者纠正员工越权可以采取以下方法:

一是先表扬后批评。对员工"越权",不能简单地指责。有的员工越权是为了帮助上级管理者做事情。这种员工往往有较强的事业心和责任感。和那些工作不负责任,总是把稍有难度的工作推给管理者的员工相比,这种越权行为倒是值得嘉奖的。但毕竟是越权行使职权了。因此对这样的员工应该又表扬又批评,先表扬后批评,肯定其积极性,但同时也要指出越权的危害。这样员工才为管理者的公正、体贴、实事求是所感动,才能领悟到该做什么,不该做什么。

二是下不为例。管理者对员工越权产生的和将产生的效应也要具体分析。有些员工越权处理问题的思路和管理者的思路决策完全一致,而且有的地方干得更漂亮,成绩更出色。在这种情况下,自然要将工作成果维持下去,但即使是这样,也应该下不为例。毕竟员工越权就是破坏了规矩。应该鼓励员工多做些本职工作,然后适时地提拔员工。

三是克服权力欲。有些员工认为权力到手,便可主宰一切,有了权力,就有了权威、权势,就可为所欲为,独来独往。于是把各种权力集于一身,自然就出现了越权。权力欲是必须竭力克服的,因为它不利于管理者进行正常的管理活动。

四是增强自我角色意识。每个人在生活中都要扮演不同的角色。上讲台讲是先生，坐台下听是学生。上级面前是下级，下级面前是领导。任何管理者都必须按客观实际来认识自己，有自知之明，将自己放到适当的位置，在不同场合、对不同事情扮演不同的角色。

五是在权力范围内活动。任何管理者的权力都是上下有限、左右有度的，有个范围。管理者要明确自己的权力极限不要越过，应该在权力范围内行事。

管理者的以身作则

在历史上，迪士尼曾一度失去光彩。但自从 1984 年迈克尔·艾斯纳成为迪士尼 CEO 以后，公司连续十几年保持 20% 的年成长率和18.5% 的年资产报酬率。这些成就主要源于艾斯纳以身作则的领导原则。

艾斯纳经常在公司领导中强调以身作则的重要性。他认为，管理者的言行态度往往影响着普通员工，以身作则意味着管理者首先要对公司满怀热情和忠诚，要有卓越的表现。

艾斯纳还要求管理者经常和普通员工在一起，学会读出员工的身体语言，看清他们说话时的眼神，并采用电子邮件与员工沟通。由于公司太大，艾斯纳本人不可能和所有员工保持联系。于是，他把重点放在了

40 个左右的主要管理者上。艾斯纳经常带着他的管理团队在全球的迪士尼主题公园四处走动，并且要求这些管理者也能和手下员工随时保持接触。艾斯纳坚持认为，一个组织之所以伟大，是因为优秀的领导品质能扩散到整个管理阶层，而不只是在最高层管理者。

艾斯纳认为，作为管理者要经常提醒手下。在迪士尼买下美国广播公司的那天，艾斯纳就提醒手下做一个能拿奖金的游戏节目，大家也都同意这个主意。尽管艾斯纳不希望所有的事情都要经过他的认同，但他还是要求自己和手下能经常提醒别人完成一些重要的事情。艾斯纳经常说："我的团队是一个超级提醒人，提醒的工作非常烦人，但确实很重要。"

管理者以身作则自然能够对员工起到示范作用，让员工对自己的行为进行自我约束。同时，以身作则的管理者能够得到员工的认同，并在工作中得到员工的尊重，大家会自觉地服从管理者的安排。